普通高等学校应用型教材·会计与财务

会计综合实验教程 第5版

基于云计算环境

汤　健　蔡明杰　陶雪阳◎编著

ACCOUNTING EXPERIMENT

中国人民大学出版社

·北京·

前　言

模拟实验是会计学和财务管理专业培养应用型人才的一个重要实践性教学环节。随着信息化技术的不断发展和在会计领域的应用，云会计信息平台为企业会计核算、分析、审计等提供了更智能的处理技术。相对于传统手工会计的信息处理更加及时，提供的信息更加全面。本实验教材就是基于云会计信息环境，仿真企业的会计实务，按照现行企业会计准则和会计信息处理流程精选设计而成。在实验内容的设计上，没有局限于会计核算模拟实验，而是在会计业务处理的基础上增加了财务分析和审计的内容，具有仿真性、综合性、创新性等特点。本教材适用于本科财经类会计实验教学，也可用作高职专科的会计实验教学教材。

在传统的会计模拟实验中，注重的是学生核算能力的培养，往往事先设计好了相关会计业务，学生只需按照给出的业务先后顺序完成凭证填制和账簿登记等实验，而无法了解有关凭证在各部门之间的传递、审核等内容，不能让学生在仿真的环境下了解在企业会计岗位分工的条件下会计人员应做的会计信息处理、汇总和整体协调工作。而本实验教材改变了传统的会计模拟实验重在培养学生核算能力的观念，在培养学生基本核算能力的同时，更注重管理型会计人才的培养。

本实验教材在会计模拟的设计上，强调实验环境的仿真性和综合性，将学生分成若干组，每一组为一个模拟实验单位，按企业真实的会计核算岗位分工。为了让学生更好地掌握企业完整的会计信息处理流程，分别设计了有关采购、销售、成本核算、管理经费核算等业务，学生通过角色扮演分别担任模拟公司（三清股份有限责任公司）会计部门的会计核算人员，由此构建模拟公司的会计机构，同时还设置了由学生扮演的外部银行、供货、销货、税务等外协部门人员，为模拟公司业务的开展提供了外部环境。学生在老师的指导下，按照所扮演的角色完成模拟实验单位的采购、销售、存货、生产、管理等部门的会计核算。由于各部门的业务在同一时间平行进行，因此学生不仅要掌握本岗位的会计业务处理技能，针对各部门之间的业务往来完成会计信息的输入等工作，同时还要根据实际业务运行中出现的问题，如业务运行中出现资金不足时应及时筹资等问题，在每一组的财务经理协调组织下及时进行处理，以使业务能顺利运行下去，最后完成财务报告的编制。具体指导及实训流程详细内容可见本教材第一章内容。在实验中可以根据实验背景资料中给出的相应处理流程，同时结合当前会计实务处理中有关变化情况，在老师的指导下，合理设计具体实验流程。本教材在实验内容设计上的综合性，不仅让学生的综合运用能力得到极大锻炼，同时也对指导老师的指导能力提出了一定要求，从而促进会计学专业教师的实践教学能力的提高。

本教材的会计模拟实验不仅是传统的记账会计的模拟实训，更是将管理型会计人员所应具备的能力在实验中得到充分培养。学生在处理会计业务的时候，不再是一个单一的会计，而是整个企业管理的一个组成部分，需要各部门之间的相互协调，需要针对公司运行中出现的问题及时调整。在模拟实验中由于各模拟公司具体运行中可能出现业务处理的先后顺序不一及计算误差等，每组学生的实验结果可能不会完全一样，但我们的实验目的不在于强调业务处理的标准化，而是重在锻炼学生的综合运用能力。对于业务处理中存在的问题可以在每一次的研讨总结中进行分析，在后续的实验中加以改正，同时在财务分析实验部分进行剖析。

为了进一步提高学生分析和运用会计信息的能力，我们在实验内容的设计上增加了财务分析和审计部分的内容，使实验更具综合性。学生在老师的指导下，根据已完成的会计核算资料及本教材提供的相关财务分析素材，对模拟公司的财务状况进行分析，在财务分析报告中总结取得的成绩，分析存在的问题，并提出相应改进方案。在审计模拟部分，我们设计了模拟审计的基本程序，老师可以按照本教材的设计指导学生对会计模拟实验的核算资料进行审计，最后得出审计报告。

在实验手段的运用上，本实验教材实现了手机 App 与云会计软件进行模拟实验的方式。学生在老师的指导下，不仅要完成相关会计模拟实验的原始凭证填制、传递、记账凭证录入等会计基本核算程序，还要应用系统生成的会计信息编制财务报告。

本教材在实验过程的设计上，采用分段进行的方式。会计核算、财务分析、审计三部分的模拟实验可以根据教学要求全过程进行，也可以选择其中一个部分分段进行实验教学，其中财务分析、审计实验所需的资料可以以全程模拟实验中所得出的核算资料为素材，也可以以上一年级学生已完成的会计模拟实验资料为素材。

总之，通过本实验可使学生综合系统地运用会计核算、会计分析与会计检查的方法与技术，培养独立进行会计核算的能力和分工协作的团队精神。在实验中锻炼学生运用专业知识处理会计信息的综合能力，开拓学生的创新思维，培养学生的管理决策能力。

本实验教程是会计学专业实践教学系列教材之一，由湖南工商大学汤健教授负责设计模拟实训单位财务制度及相关业务资料，蔡明杰副教授负责撰写有关柠檬云财税软件的应用程序等内容，陶雪阳老师负责撰写审计实验部分内容。

需要说明的是，本实验资料中涉及的企业名称及相关资料等，为教学需要，根据企业的真实运作情况模拟而成，请勿误解。

由于时间仓促，加之编著者经验不足，不妥及谬误之处在所难免，请读者指教，致谢。

目　录

第一章 Chapter 1 导论

一、会计综合模拟实训的目的

随着云计算和大数据的发展，“会计＋云计算＝云会计”日渐成为现实。随着互联网和云技术的不断发展及其在财务信息处理系统中的应用，智能化信息处理、云会计信息存储等已成为越来越多的企业财务会计信息处理的模式。云会计是指在云计算环境下，用户通过电脑终端、手机终端等设备登录互联网会计平台，从事会计核算、管理、决策等操作，该系统能够和政府、企业等相关系统进行信息交互。云计算技术的广泛运用让云会计在高校会计实验教学中逐渐兴起，云会计的发展推动着高校会计实验教学。相对于传统的手工和信息化会计模拟教学，云会计应用于高校会计实验教学中，具有以下几个较为明显的优势：实验数据更具时效性；实验教学更具实用性；实验方式更具灵活性。

基于云计算环境的会计综合模拟实训，就是基于云会计理念，让学生综合运用所学的会计基本理论、基本技能、基本知识，模拟进行一个企业的全部交易事项的会计核算与财务分析，并以此为基础进行审计。依据本实训教材所开设的课程可以制造业经济活动为背景，应用云会计信息平台，根据企业会计核算中的职能分工和岗位分工，由参与实训课的学生分别担任不同的会计岗位角色——主管会计、出纳、车间成本核算、公司总成本核算、存货核算、销售核算、往来核算等，从原始凭证的取得、填制开始，到编制记账凭证，登记账簿，成本计算，编制会计报表，进而进行财务分析和有关会计核算资料的审计，循序渐进，完成一个会计期间的会计业务处理、财务分析、审计等工作。

在会计信息处理过程中，既掌握有关原始凭证的手工填制和传递，又应用云计算环境的会计信息处理软件实现无纸化的信息加工处理，既实现基本理论的应用检验，又在实训中培养对实际问题的理论分析能力，真正实现理论和实践相结合，这是本实训教材期望达到的目的。在本实训教材所提供的相关业务中，所能选择的相关会计政策和会计处理方法有一定的灵活性，可交由学生根据当前的相关规范和模拟企业的具体情况自主选择，因此相应的实训结果可能不是唯一的，这也正是本实训教材编著者的一个初衷，希望在实训中培养学生自主分析问题的能力，培养学生的创新意识和团队协作能力，更好地体现本实训与现实情况的仿真性。通过对模拟企业会计业务处理程序的设计，可开拓学生的思维，同时在实训中通过不同会计岗位之间的配合，可增强学生在实际工作中的协调配合能力和团队精神，并在会计业务处理、财务指标分析和审计程序的执行过程中锻炼学生的综合运用能力。

会计综合模拟实训起到了由理性认识过渡到感性认识的桥梁作用，发挥了培养学生实际运用能力，使之能顺利走入社会的前期准备功能，为开拓学生的思维、启动创新意识提供了一个极好的平台。

二、模拟实训单位财务制度

三清股份有限责任公司财务制度

总　则

第一条　为加强公司财务管理，进一步发挥财务管理在公司运营管理和提高经济效益中的功效，根据《中华人民共和国会计法》和《企业会计准则》及其他相关法律规范，并结合本公司具体情况，经三清股份有限责任公司董事会决议，制定本制度。

第二条　公司财务部门的职能是：

（一）认真贯彻执行国家有关财经法规和管理制度。

（二）建立健全财务管理的各种规章制度，编制财务预算和计划，加强经营核算管理，反映、监督、分析财务预算计划的执行情况，检查监督财务纪律。

（三）积极为经营管理服务，厉行节约，合理使用资金，促进公司取得较好的经济效益。

（四）合理分配公司收入，及时完成税收及各种管理费用核算。

（五）充分协调公司内外部的关系，在公司内部领导和社会中介机构（财政、税务、银行、工商等）部门了解、检查财务工作时主动提供有关资料，如实反映情况。

（六）完成公司交给的其他工作。

第三条　公司财务部由财务经理、会计和出纳三类岗位组成。按会计核算流程分工设置会计主管、采购核算会计、存货核算会计、车间成本核算会计、销售核算会计、往来核算会计岗位。

第四条　公司各部门和职员办理财务有关事项，必须严格遵守本规定。

财务工作岗位职责

第五条　会计的主要工作职责：

（一）严格按照相关会计法律规范的规定进行账务处理，做到手续齐全，程序规范，账目清楚，信息准确。

（二）按照经济核算原则，定期检查分析公司财务、成本和利润的执行情况，挖掘增收节支潜力，考核资金使用效果，及时向财务经理提出合理化建议，当好公司的参谋。

第六条　财务经理负责本公司的下列工作：

（一）组织财务部全面工作，进行财务管理。建立健全经济核算制度，利用财务会计资料进行经济活动分析。针对公司财务工作中出现的问题提出改进建议和措施。

（二）编制和执行公司财务预算、财务收支计划、资金筹措和使用方案，开辟财源，有效地使用资金。

（三）进行成本费用预测、计划、控制、核算、分析和考核，督促本公司有关部门降低消耗、节约费用、提高经济效益。

（四）制定合理的会计人员的工作岗位设置、岗位职责和工作标准，指导和监督各会计核算岗位的工作以使其合法合规。

（五）审核本公司的资金收付。合理使用公司的有效资产，保障公司财产的安全，保障会计核算资料的真实、完整。

（六）审核所有的记账凭证及原始凭证，保证经济业务核算的合理性、合法性和正确性。

（七）主持本公司财务报告的编制工作，包括编制资产负债表、利润表、现金流量表、所有者权益变动表及相关附表，根据财务指标撰写财务分析报告，并负责向公司董事会汇报财务状况和经营成果等情况。

（八）承办总经理交办的其他工作。

第七条　各会计核算岗位的主要工作职责：

（一）会计主管岗位主要职责：

（1）核算公司除采购、销售、存货和产品成本核算以外的其他业务，主要包括企业科研部、人事部、财务部、质量检测部、物资管理部、后勤保卫部、公司办公室等部门发生的经济业务，填制和审核原始凭证，并填制记账凭证。

（2）月末编制固定资产折旧表、无形资产摊销表、坏账准备计提表等资产摊销和减值表，编制相关记账凭证。

（3）根据损益账户发生额，于月末在会计信息处理系统中生成期末结转损益的记账凭证。

（4）编制根据利润分配方案进行利润分配的记账凭证。

（5）负责将编制的记账凭证经审核后录入会计信息处理系统。

（6）负责整理会计档案。

（二）采购核算岗位主要职责：

（1）向财务经理申请采购资金，财务经理核批后交采购部门办理采购业务，编制采购业务记账凭证。

（2）核算材料采购成本，编制相关记账凭证。

（3）核算采购部门发生的其他相关费用。

（4）负责将编制的记账凭证经审核后录入会计信息处理系统。

（三）存货核算岗位主要职责：

（1）负责购销存的核算，反映有关存货收发和价值摊销的增减变动及结存情况。

（2）对期末存货进行清查，进行盘亏和盘盈的核算。

（3）对存货可变现净值进行核定，负责存货跌价损失的核算。

（4）负责将编制的记账凭证经审核后录入会计信息处理系统。

（四）基本生产车间成本核算岗位主要职责：

（1）按产品生产工艺分设铸造车间、加工车间、装配车间三个车间的成本核算岗位，分别进行车间成本核算。

（2）核算车间发生的材料、人工及其他费用，填制有关费用分配表，编制有关记账凭证。

（3）各基本生产车间成本核算岗位归集和分配本车间的制造费用，并将制造费用在各种产品之间进行分配。

（4）归集各车间产品生产费用，采用平行结转分步法计算分配完工产品与月末在产品成本，填制完工产品成本计算单核算产品成本。

（5）负责将编制的记账凭证经审核后录入会计信息处理系统。

（五）辅助生产车间成本核算岗位主要职责：

（1）根据本公司的生产组织管理方式，设置供气车间辅助生产成本核算岗位，进行供气车间成本费用核算。

（2）于月末负责汇总辅助生产费用，并按受益对象，按供气量计算分配率对外分配。

（3）负责将编制的记账凭证经审核后录入会计信息处理系统。

（六）销售核算岗位主要工作职责：

（1）根据商品销售方式，取得和审核业务部门转来的有关原始凭证，编制有关商品收入确认及货款结算的记账凭证。

（2）根据商品发货情况，取得和审核业务部门转来的有关原始凭证，编制有关商品发出及结转销售成本的记账凭证。

（3）根据销售部门发生的相关销售费用，填制记账凭证。

（4）负责将编制的记账凭证经审核后录入会计信息处理系统。

（七）薪酬及往来核算岗位主要工作职责：

（1）根据企业各部门的职工考勤情况及其他依据，计算应付职工薪酬，编制职工薪酬结算表，进行职工薪酬发放的核算，编制相关记账凭证。

(2) 根据相关计算依据，计算公司应交的各项税费，进行申报和缴纳业务，编制相关记账凭证。

(3) 负责核算公司除采购、销售以外的其他收付款业务的核算，如支付水电费等，并根据相关费用发生情况进行分配，编制相关记账凭证。

(4) 负责将编制的记账凭证经审核后录入会计信息处理系统。

(八) 出纳岗位的主要工作职责：

(1) 认真执行现金管理制度。严格执行库存现金限额，超过部分必须及时送存银行，不得坐支现金，不得以白条抵库。

(2) 建立健全现金出纳各种账目，严格审核现金收付凭证。

(3) 严格支票等票据管理制度，办理有关收付款结算的票据填制及与银行的业务往来，一切付款须经总经理签字后方可生效。

(4) 积极配合银行做好对账及公司内部员工报账工作，配合其他会计做好各种账务处理。

(5) 认真登记库存现金、银行存款日记账，现金做到日清月结，银行存款余额每月同银行对账单核对，编制好银行存款余额调节表。

(6) 完成总经理或财务总监交付的其他工作。

公司会计核算

第八条　会计核算年度自公历 1 月 1 日起至 12 月 31 日止。

第九条　财务工作人员办理会计事项必须填制或根据取得并经审核无误的原始凭证编制记账凭证，会计、出纳根据有关记账凭证录入信息时，都必须在凭证上签字。会计凭证、会计账簿、会计报表和其他会计资料必须真实、准确、完整。

第十条　财务工作人员对公司经济事项实行会计监督。财务工作人员对不真实、不合法的原始凭证，有权不予受理；对记载不准确、不完整的原始凭证予以退回，或要求经办人更正、补充。

第十一条　财务工作人员发现账簿记录与实物、款项不符时，应及时向总经理或财务经理书面报告，并请求查明原因，做出处理。财务人员对上述事项无权自行做出处理。

第十二条　财务工作人员应当会同总经理指定的专人定期进行财务清查，保证账簿记录与实物、款项相符。

第十三条　财务工作人员将会计报表上报总经理，经审核加盖公章后再报送有关部门。会计报表每月编制并上报一次，会计报表必须有财务经理签字或盖章。

第十四条　财务工作人员调动工作或者离职，必须与接管人员办清交接手续。财务工作人员办理交接手续，由总经理或财务经理监交。

第十五条　本公司为独立核算的法人，设置总分类账、序时账（即库存现金日记账和银行存款日记账）及有关账户的明细账，采用会计信息处理系统设置账户初始化信息，并根据发生的经济业务编制会计凭证，录入会计信息处理系统生成账户信息。总账及明细账初始化设置见表1-1。

表1-1 会计科目表

顺序号	编号	名称	备注
（一）资产类			
1	1001	库存现金	按现金流设辅助核算，期初余额现金流选项为“内部流转”
2	1002	银行存款	期初余额现金流选项为“内部流转”
	100201	工商银行	按现金流设辅助核算
	100202	中国银行	按美元设外币核算，按现金流设辅助核算
3	1012	其他货币资金	按类别设明细科目
	101201	外埠存款	
	101202	银行本票	
	101203	银行汇票	
	101204	信用卡	
	101205	信用证保证金	
	101206	存出投资款	
	101207	支付宝	
	101208	微信	
4	1101	交易性金融资产	按投资项目设三级明细科目
	110101	股票	
	110102	债券	
	110103	基金	
	110104	其他	
5	1121	应收票据	按客户设明细科目
6	1122	应收账款	按客户设明细科目
7	1123	预付账款	按供应商设明细科目
8	1131	应收股利	
9	1132	应收利息	
10	1221	其他应收款	按债务人设明细科目，公司内部单位之间的费用结算也通过此科目核算，按公司部门设明细科目
11	1241	坏账准备	
	124101	应收账款坏账准备	
	124102	其他应收款坏账准备	

续表

顺序号	编号	名称	备注
12	1402	在途物资	按材料品种设明细科目，按部门设辅助核算
13	1403	原材料	按材料品种设三级明细科目，存货类项目启用进销存管理模块
	140301	炉料类	
	140302	钢材类	
	140303	油化类	
	140304	外购配套件	
	140305	自制铸件	
	140306	辅料类	
	140307	其他类	
14	1405	库存商品	
	140501	6105Q-1 柴油机	
	140502	6105Q-1 金马机	
	140503	15KW 发电机	
15	1406	发出商品	按产品品种设明细科目
16	1411	周转材料	按品种设三级明细科目
	141101	包装物	
	141102	低值易耗品	
17	1461	存货跌价准备	
18	1501	债权投资	按投资项目设三级明细科目
	150101	成本	
	150102	利息调整	
	150103	应计利息	
19	1502	债权投资减值准备	
20	1511	长期股权投资	按投资项目设三级明细科目
	151101	成本	
	151102	损益调整	
	151103	其他损益变动	
	151104	其他综合收益变动	
21	1512	长期股权投资减值准备	
22	1601	固定资产	按固定资产类别和部门设明细科目，启用固定资产管理模块
23	1602	累计折旧	
24	1603	固定资产减值准备	
25	1604	在建工程	按工程项目设明细科目
26	1605	工程物资	按种类设明细科目
27	1606	固定资产清理	按项目设明细科目

续表

顺序号	编号	名称	备注
28	1701	无形资产	按种类设明细科目
29	1702	累计摊销	
30	1703	无形资产减值准备	
31	1801	长期待摊费用	按项目设明细科目
32	1811	递延所得税资产	
33	1901	待处理财产损溢	
	190101	待处理流动资产损溢	
	190102	待处理固定资产损溢	
（二）负债类			
34	2001	短期借款	按项目设明细科目
35	2201	应付票据	按供应商设明细科目
36	2202	应付账款	按供应商设明细科目
37	2206	合同负债	按客户设明细科目
38	2211	应付职工薪酬	启用工资管理模块
	221101	工资	
	221102	职工福利	
	221103	社会保险费	
	221104	住房公积金	
	221105	工会经费	
	221106	职工教育经费	
	221107	非货币性福利	
	221108	辞退福利	
39	2221	应交税费	
	222101	应交增值税	
	22210101	进项税额	
	22210102	已交税金	
	22210103	转出未交增值税	
	22210104	销项税额	
	22210105	出口退税	
	22210106	进项税额转出	
	22210107	转出多交增值税	
	222102	未交增值税	
	222103	应交消费税	
	222104	应交资源税	
	222105	应交所得税	
	222106	应交土地增值税	
	222107	应交城市维护建设税	
	222108	应交房产税	
	222109	应交土地使用税	
	222110	应交车船税	
	222111	应交个人所得税	
	222112	应交教育费附加	

续表

顺序号	编号	名称	备注
40	2231	应付利息	按债权人设明细科目
41	2232	应付股利	按股东设明细科目
42	2241	其他应付款	按债权人设明细科目
43	2501	长期借款	按项目设明细科目
	250101	本金	
	250102	应计利息	
44	2502	应付债券	按债权人设明细科目
	250201	面值	
	250202	利息调整	
	250203	应计利息	
45	2701	长期应付款	按债务项目设明细科目
46	2801	预计负债	
47	2901	递延所得税负债	
（三）所有者权益类			
48	4001	股本	按股东设明细科目
49	4002	资本公积	
	400201	股本溢价	
	400202	其他资本公积	
50	4003	其他综合收益	
51	4101	盈余公积	
	410101	法定盈余公积	
	410102	任意盈余公积	
52	4103	本年利润	
53	4104	利润分配	按利润分配项目设明细科目
	410401	提取法定盈余公积	
	410402	提取任意盈余公积	
	410403	应付现金股利	
	410404	转作股本的股利	
	410405	盈余公积补亏	
	410406	未分配利润	
（四）成本类			
54	5001	基本生产成本	按部门和项目设辅助核算，其中铸造车间下设“普通铸铁”“球墨铸铁”“铸铝件”“柴油机”“金马机”“发电机”六个项目，加工车间和装配车间下均分设“柴油机”“金马机”“发电机”三个项目。
	500101	直接材料	
	500102	燃料及动力	
	500103	直接人工	
	500104	制造费用	

续表

顺序号	编号	名称	备注
55	5002	辅助生产成本	
	500201	供气车间	按费用项目设明细科目
56	5101	制造费用	
	510101	铸造车间	按费用项目设明细科目
	510102	加工车间	按费用项目设明细科目
	510103	装配车间	按费用项目设明细科目
（五）损益类			
57	6001	主营业务收入	按产品品种设明细科目
58	6051	其他业务收入	按项目设明细科目
59	6101	公允价值变动损益	按项目设明细科目
60	6111	投资收益	按项目设明细科目
61	6112	其他收益	按项目设明细科目
62	6301	营业外收入	按项目设明细科目
63	6401	主营业务成本	按产品品种设明细科目
64	6402	其他业务成本	按项目设明细科目
65	6403	税金及附加	按税费项目设明细科目
66	6601	销售费用	按费用项目设明细科目
67	6602	管理费用	按费用项目设明细科目
68	6603	财务费用	按费用项目设明细科目
69	6701	资产减值损失	按项目设明细科目
70	6702	信用减值损失	按项目设明细科目
71	6711	营业外支出	按项目设明细科目
72	6801	所得税费用	
73	6901	以前年度损益调整	

第十六条 采购及存货业务核算

存货业务核算包括采购业务和存货收发业务核算。采购业务核算由采购核算会计进行，有关存货的进销存业务核算由存货核算会计进行。在会计信息处理系统开启进销存管理模块。采购及存货业务核算流程见图1-1。

（一）采购业务核算流程

（1）申请和审批采购资金。采购部门根据存货等库存情况确定要采购的物资，填写请购单，经业务经理同意后，填写请款单向财务经理提出资金申请，经同意后委派采购业务员与供货单位联系，签订采购合同，确认采购价格、货物运输方式和货款结算方式。

（2）办理货款结算。企业采购核算人员根据增值税发票、运费发票及相关银行支付结算凭证等原始凭证，经审核编制记账凭证，录入会计信息处理系统，生成总账和明细账信息。

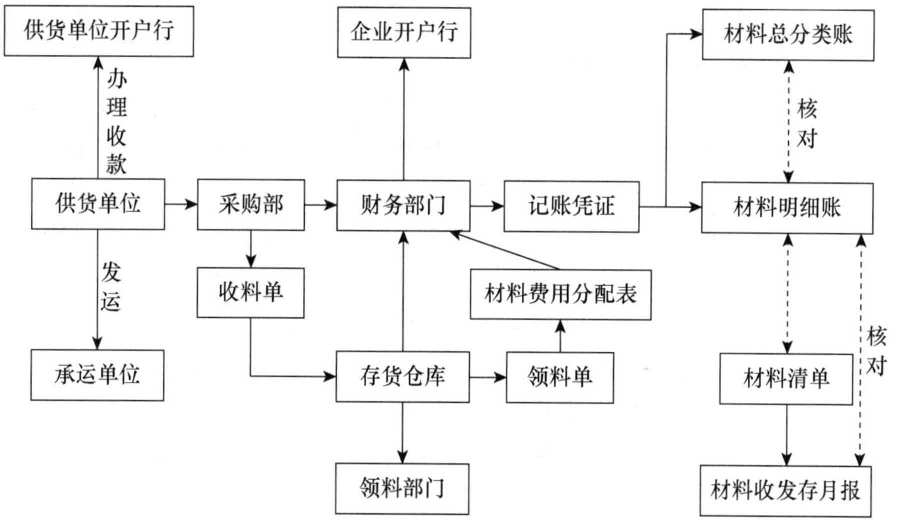

图 1-1 采购及存货业务核算流程

借：在途物资——××材料或物资（××供应商）

  应交税费——应交增值税（进项税额）

 贷：银行存款（或其他货币资金、应付账款、应付票据、预付账款等）

该笔记账凭证应附的原始凭证有：购货发票发票联；运票发票发票联；银行结算凭证（根据不同的结算方式取得的相应凭证）。相关凭证扫描上传系统为电子记账凭证附件。

购入材料时，采购费用按原材料金额分配计入采购成本，取得相关增值税发票抵扣联的，按税法规定的相关税率计算进项税额进行抵扣。

（3）存货仓库收到物资验收入库。由存货仓库保管员根据随货同行的销货清单（提货联），在货物验收入库时填制一式三联收料单，第一联采购部门验收留存，第二联仓库保管员留存，第三联连同销货清单（提货联）交财务部办理结算。

（4）进销存模块信息录入，生成会计信息。存货核算会计根据仓库传来的收料单及销货清单（提货联），在进销存模块中填制入库单，经审核生成记账凭证，据以登账。

借：原材料——××类别——××材料

  周转材料——××类别——××物品

 贷：在途物资——××材料（××供应商）

该笔记账凭证应附的原始凭证有：材料或物资收料单记账联，电子记账凭证附件为系统中的入库单。

（二）材料物资领用业务核算流程

（1）填制领料凭证，据以发料。由领料经办人填写领料单，并经该单位主管领导批准到仓库领用材料。仓库保管员根据领料单，审核其用途，认真计量发放材料，并在领料单上签章。领料单一式三联，第一联留领料部门备查，第二联留仓库，第三联转交财务部。有消耗限额的材料领用应填制一式三联限额领料单。超限额用料需经生产主管部门批准后领料。领料单和限额领料单作为月末存货统计分析的依据。

（2）进销存模块信息输入，生成会计信息。发出材料时，存货核算会计根据领料单或限额领料单，在会计信息处理系统的进销存模块中填制出库单，存货发出采用移动加权平均法计算单位成本，按出库数量计算发出材料物资成本。若是共同耗用的材料，需要先填制材料费用分配表，再根据分配结果填制出库单。经进销存系统生成各出库信息和记账凭证：

借：基本生产成本——直接材料（部门、产品）
　　辅助生产成本——供气车间——材料费
　　制造费用——材料费
　　管理费用——材料费等
　贷：原材料——××类别——××材料
　　　周转材料——××类别——××物品

该笔记账凭证应附的原始凭证有：材料或物资领料单记账联，电子记账凭证附件为系统中的出库单；材料费用分配表。

（三）产品入库业务核算流程

（1）产品入库。由装配车间人员每5天填制一次产品入库单。产品入库单一式三联，一联由生产车间留存，一联交成品仓库留存，一联交财务部。存货核算会计根据入库单在进销存模块填制入库数量。

（2）结转完工产品成本。公司产品成本采用平行结转分步法计算，月末在产品采用按定额成本计价的方法。月末各车间成本核算会计将本车间发生的生产费用应计入完工产品的成本份额计算出来，填制完工产品成本计算表，交存货核算会计。存货核算会计根据完工产品成本计算表补充进销存系统中的产品成本金额，并生成记账凭证，结转完工产品成本。

借：库存商品——××产品
　贷：基本生产成本——直接材料（部门、产品）
　　　　　　　　　——燃料及动力（部门、产品）
　　　　　　　　　——直接人工（部门、产品）
　　　　　　　　　——制造费用（部门、产品）

该笔记账凭证应附的原始凭证有：产品入库单记账联，电子记账凭证附件为系统中的入库单；产品成本计算表。

（四）产品出库业务核算流程

（1）产品发出。产品销售发出时，由销售部门填制销售清单一式三联，一联销售部门留存，一联交仓库，一联随货同行联同货物一起最终送达购货方。仓库根据收到的销货清单填制一式两联产品出库单，一联仓库留存，一联交财务部据以进行会计核算。

（2）结转产品销售成本。公司销售产品成本采用移动加权平均法计算，销售核算会计根据发出的商品数量和单位成本计算填制产品销售成本计算表一式两联，一联销售核算会计留存，一联交存货核算会计，在进销存模块填制出库单，并生成记账凭证，结转已销产品成本。

借：主营业务成本——××产品

贷：库存商品——××产品

该笔记账凭证应附的原始凭证有：产品出库单记账联，电子记账凭证附件为系统中的出库单。

第十七条 销售业务核算

销售业务核算包括销售货款的结算和产品销售成本的结转等内容。基本核算流程见图1-2。

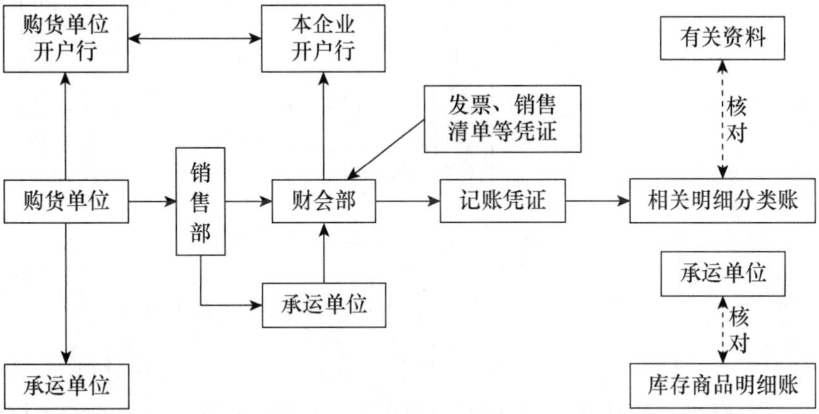

图1-2 销售业务核算流程

有关产品出库、销售成本结转业务的核算前已述及，产品销售货款结算的相关业务核算流程为：

(1) 销售部与购货单位签订合同，开出销售凭证。销售部门根据商定的产品售价开出增值税发票，并根据销售数量填制一式三联销货清单。若产品需代办托运，则需向承运单位支付运费，并由承运单位开出运费发票。

(2) 办理货款结算，确认销售收入。财务部门收到销售部传送来的增值税发票、销货清单及货款结算凭证，与开户行办理货款结算等业务，并根据销售货款的结算方式，填制记账凭证，录入会计信息处理系统。

借：银行存款（应收账款、应收票据等）

贷：主营业务收入——××产品

应交税费——应交增值税（销项税额）

该笔记账凭证应附的原始凭证有：销货发票发票联；销货清单记账联；银行结算凭证（根据不同的结算方式取得的相应凭证）。相关凭证扫描上传系统为电子记账凭证附件。

若为赊销方式，收到销售货款时，编制记账凭证：

借：银行存款

贷：应收账款——××购货商（或应收票据——××购货商等）

该笔记账凭证应附的原始凭证有：银行收款凭证（根据不同的结算方式取得的相应凭证）。相关凭证扫描上传系统为电子记账凭证附件。

第十八条　收付结算业务核算

在购销业务中，应根据不同的款项结算方式取得相关原始凭证进行会计核算。

（一）银行汇票结算

银行汇票结算流程见图1-3。

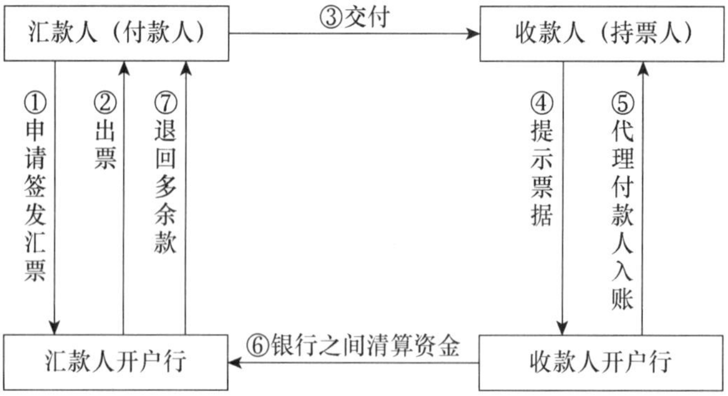

图1-3　银行汇票结算流程

（1）申请签发银行汇票。汇款人填制一式三联的银行汇票申请书，在第二联借方凭证联上盖预留银行印鉴，向银行申请开出汇票。银行汇票申请书第一联是存根联，由汇款人留存作记账传票；第二联是借方凭证联，是签发行办理汇票的转出传票；第三联为贷方凭证联，由签发行作汇出汇款收入传票。

（2）银行出票。银行审核申请书，在办妥转账或收妥现金之后，填写一式四联银行汇票，第一联卡片联，出票行在结清银行汇票时作“汇出汇款”科目借方凭证；第二联汇票联，代理付款行付款后作联行往来借方凭证附件；第三联解讫通知联，付款行付款后附报单寄出票行，由出票行作多余款贷方凭证；第四联多余款收账通知联，出票行结算汇款后交申请人。

汇款人开户行将银行汇票第一、四联专夹保管，将第二、三联交给申请人。汇款人（采购等业务的付款人）根据银行签章同意的银行汇票申请书编制记账凭证：

借：其他货币资金——银行汇票

　贷：银行存款

该笔记账凭证后附原始凭证为：银行汇票申请书存根联第一联。

同时，公司需按申请开出的汇票票面金额的0.5‰，根据银行出具的收费收据支付银行手续费，填制记账凭证：

借：财务费用——手续费

　贷：银行存款

该笔记账凭证后附原始凭证为：银行业务收费凭证回单联。

(3) 交付汇票。付款人留下银行汇票复印件，将汇票和解讫通知交给收款人，进行款项结算。

(4) 汇款人提示收款。收款人收下银行汇票后，按业务填写一式三联银行进账单，连同汇票交给开户行。银行进账单一式三联，第一联是开户银行交给持票人的回单联；第二联是收入凭证，由收款人开户行作收入传票；第三联由收款人开户行送交收款人作收款通知。

(5) 收款人银行代理收款入账。收款人开户行将盖章后的银行进账单第一联和第三联交收款人。收款人根据银行进账单第三联及其他销售发票等凭证，编制记账凭证：

借：银行存款

　贷：主营业务收入——××产品

　　　应交税费——应交增值税（销项税额）等

该笔记账凭证后附原始凭证为：销货发票发票联；销货清单；银行进账单第三联。

(6) 付款人结付款项。银行之间清算资金，将银行汇票第三联解讫通知交汇款人开户行。汇款人开户行根据多余款金额填写多余款收账通知联（第四联），银行将多余款收账通知联交汇款人。

汇款人根据收到的多余款收账通知联，编制记账凭证：

借：在途物资——××材料或物资（××供应商）

　　应交税费——应交增值税（进项税额）

　　银行存款等（收到退回的多余款）

　贷：其他货币资金——银行汇票

该笔记账凭证应附的原始凭证有：购货发票发票联；运票发票发票联；银行汇票第二联复印件；银行汇票多余款收账通知联（第四联）。相关凭证扫描上传系统为电子记账凭证附件。

（二）商业承兑汇票结算

商业承兑汇票结算流程见图 1-4。

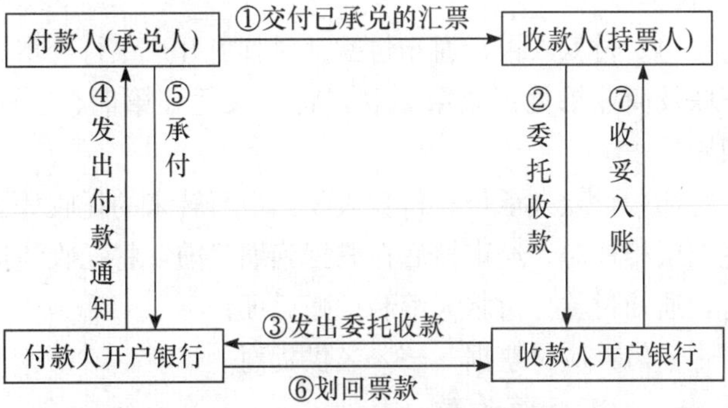

图 1-4　商业承兑汇票结算流程

（1）签发汇票。商业承兑汇票按照双方协定，可以由付款单位签发，也可以由收款人签发。商业承兑汇票一式三联，第一联为卡片，由承兑人（付款单位）留存备查；第二联为商业承兑汇票，由收款人开户银行随结算凭证寄付款人开户银行作付出传票附件；第三联为存根联，由签发人存查。商业承兑汇票由付款单位承兑。付款单位承兑时，无须填写承兑协议，也不通过银行办理，因而也就无须向银行支付手续费，只需在商业承兑汇票的第二联正面“本汇票已承兑，到期无条件支付票款”栏加盖预留银行的印鉴后，交给收款人。由收款人签发的商业承兑汇票应先交付款单位承兑，再交收款单位专夹保管。

承兑人根据商业承兑汇票存根联及有关付款凭证，编制记账凭证：

借：在途物资——××材料或物资（××供应商）

　　应交税费——应交增值税（进项税额）等

　　贷：应付票据——××供货商

该笔记账凭证应附的原始凭证有：购货发票发票联；运票发票发票联；商业承兑汇票第三联。

收款人根据收到的商业承兑汇票及有关收款凭证，编制记账凭证：

借：应收票据——××购货商

　　贷：主营业务收入——××产品

　　　　应交税费——应交增值税（销项税额）等

该笔记账凭证应附的原始凭证有：销货发票发票联；销货清单记账联；商业承兑汇票第二联复印件。

（2）到期托收。收款人应在汇票到期前，提前委托银行收款。委托银行收款时，应填写一式五联的托收凭证，在“托收凭证名称”栏内注明“商业承兑汇票”字样及汇票号码，在商业承兑汇票第二联背面加盖收款单位公章后，一并送交开户银行。

（3）收款人银行受理托收。收款人开户银行审查后办理有关收款手续，并将盖章后的托收凭证第一联退回收款单位保存。银行将托收凭证第二联留存，同时将托收凭证第三、四、五联及商业承兑汇票第二联传送至付款人开户银行。

（4）付款人银行通知付款。付款人开户银行经审查后，留存托收凭证的第三联及商业承兑汇票第二联，将托收凭证第四、五联交付款单位，发出付款通知。

（5）付款人承付。付款人收到银行转来的托收凭证后，应与留存的商业承兑汇票相核对。经审核后在票据到期日前，将托收凭证第四联签章后退开户银行，通知付款。付款人编制记账凭证：

借：应付票据——××供货商

　　贷：银行存款

该笔记账凭证应附的原始凭证为：托收凭证第五联。

（6）付款人银行划款。银行将付款人款项划往收款人账户，同时将盖章后的托收凭证第四联回传至收款人开户银行。

（7）收款人收款。收款人开户行将托收凭证第四联传送至收款人，通知收款。收款人编制记账凭证：

借：银行存款

　贷：应收票据——××购货商

该笔记账凭证应附的原始凭证为：托收凭证第四联。

商业承兑汇票到期，付款单位存款账户无款支付或不足支付时，付款单位开户银行将根据规定按照商业承兑汇票票面金额的5%收取罚金，不足50元的按50元收取，并通知付款单位送回托收凭证。付款单位应在接到通知的次日起2天内将托收凭证第五联退回开户银行。付款单位开户银行收到付款单位退回的托收凭证后，应在其收存的托收凭证第三联和第四联“备注”栏注明“无款支付”字样并加盖银行业务公章后，一并退回收款单位开户银行转交给收款单位，再由收款单位和付款单位自行协商票款的清偿问题。如果付款单位财务部门已将托收凭证第五联做账务处理而无法退回，可以填制一式二联应付款项证明单，将其第一联送交付款单位开户银行，由其连同其他凭证一并退回收款单位开户银行再转交收款单位。

（三）银行承兑汇票结算

银行承兑汇票结算流程见图1-5。

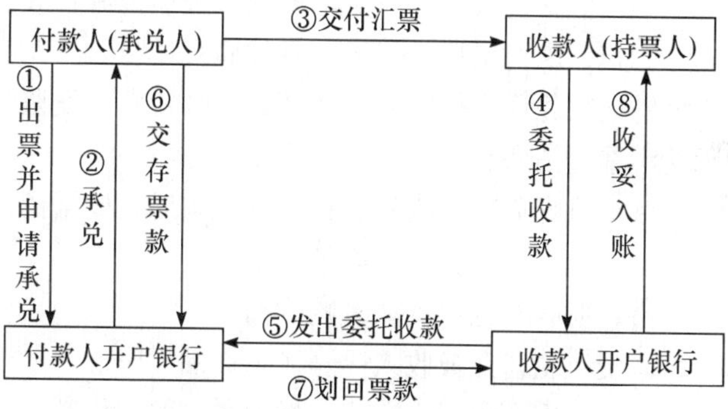

图1-5 银行承兑汇票结算流程

（1）签发汇票。付款方按照双方签订的合同规定，签发银行承兑汇票。银行承兑汇票一式三联，第一联为卡片，由承兑银行留存备查，到期支付票款时作借方凭证附件；第二联由收款人的开户行随托收凭证寄给付款行作借方凭证附件；第三联为存根联，由出票人存查。付款单位出纳员在填制银行承兑汇票时，应当逐项填写银行承兑汇票中签发日期，收款人和承兑申请人（即付款单位）的单位全称、账号、开户银行，汇票金额大小写，汇票到期日，交易合同编号等内容，并在银行承兑汇票的第一联、第二联的“汇票签发人盖章”处加盖预留银行印鉴及负责人和经办人印章。

（2）办理承兑申请。付款单位出纳员在填制完银行承兑汇票后，应将汇票的有关内容与交易合同进行核对，核对无误后填制银行承兑协议，并在“承兑申请人”处盖单位公章。银行承兑协议一式三联，第一联由出票人留存，第二联和第三联分别由承兑银行信贷部门和会计部门存查。其内容主要是汇票的基本内容、汇票经银行承兑后承兑申请人应遵守的基本条款等。承兑银行留存银行承兑汇票第一联。

按照银行承兑协议的规定，付款单位办理承兑手续应向承兑银行支付手续费，由开户银行从付款单位存款户中扣收。如按照现行规定，银行承兑手续费按银行承兑汇票票面金额的1‰计收，每笔手续费不足10元的，按10元计收。

付款单位按规定向银行支付手续费时，应编制记账凭证：

借：财务费用——手续费

　贷：银行存款

该笔记账凭证应附的原始凭证有：银行承兑协议回单联（第一联）；银行业务收费凭证客户联。

(3) 交付汇票。付款单位按照交易合同规定，向供货方购货，将经过银行承兑后的银行承兑汇票第二联交收款单位，以便收款单位到期收款或背书转让。

付款单位向银行办理承兑申请手续后，根据汇票及有关付款凭证，编制记账凭证：

借：在途物资——××材料或物资（××供应商）

　　应交税费——应交增值税（进项税额）等

　贷：应付票据——××供货商

该笔记账凭证应附的原始凭证有：购货发票发票联；运票发票发票联；银行承兑汇票第三联。

收款单位财务部门收到银行承兑汇票后，根据销售业务相关凭证，编制记账凭证：

借：应收票据——××购货商

　贷：主营业务收入——××产品

　　　应交税费——应交增值税（销项税额）等

该笔记账凭证应附的原始凭证有：销货发票发票联；销货清单记账联；银行承兑汇票第二联复印件。

(4) 到期托收。收款人应在汇票到期前，提前委托银行收款。委托银行收款时，应填写一式五联的托收凭证，在“托收凭证名称”栏内注明“银行承兑汇票”字样及汇票号码，在银行承兑汇票第二联背面加盖收款单位公章后，一并送交开户银行。

(5) 收款人银行受理托收。收款人开户银行审查后办理有关收款手续，并将盖章后的托收凭证第一联退回收款单位保存。银行将托收凭证第二联留存，同时将托收凭证第三、四、五联及银行承兑汇票第二联传送至付款人开户银行。

付款人银行通知付款。付款人开户银行经审查后，留存托收凭证的第三联及银行承兑汇票第二联，将托收凭证第四、五联交付款单位，发出付款通知。

(6) 付款人交存款项。按照银行承兑协议的规定，承兑申请人即付款人应于汇票到期前将票款足额交存其开户银行（即承兑银行），以便承兑银行于汇票到期日将款项划拨给收款单位或贴现银行。付款单位财务部门应经常检查专项保管的银行承兑协议和应付票据备查簿，及时将应付票款足额交存银行。

(7) 付款人开户行付款。付款人收到银行转来的托收凭证后，应与留存的银行承兑汇票相核对。经审核后在票据到期日前，将托收凭证第四联签章后退开户银行，通知付款。付款人编制记账凭证：

借：应付票据——××供货商

　贷：银行存款

该笔记账凭证应附的原始凭证为：托收凭证第五联。

(8) 收款人收款。银行将付款人款项划转至收款人账户，同时将盖章后的托收凭证第四联回传至收款人开户银行。收款人开户行将托收凭证第四联传送收款人，通知收款。收款人编制记账凭证：

借：银行存款

　贷：应收票据——××购货商

该笔记账凭证应附的原始凭证为：托收凭证第四联。

如果汇票到期，而承兑申请人无款支付或不足支付的，承兑银行将继续向收款单位开户银行划拨资金，同时按照承兑协议规定将不足支付的票款转入承兑申请人的逾期贷款账户，并对不足支付票款每天计收罚息。按照规定，承兑申请人无款支付时，承兑银行将开具传送一张特种转账传票，在传票的“转账原因”栏中注明“××汇票无款支付转入逾期贷款户”字样并加盖银行业务章；承兑申请单位不足支付时，承兑银行将开来两张特种转账传票，在其中一张的“转账原因”栏中注明“××汇票因存款不足，未付部分转入逾期贷款户”，另一张的“转账原因”栏中注明“××汇票已支付部分款项”。

付款单位因无款支付而收到银行转来的特种转账传票时，应编制记账凭证：

借：应付票据——××购货商

　贷：短期借款——逾期借款

因不足支付收到银行特种转账传票时，应根据已付款项和不足支付部分编制记账凭证：

借：应付票据——××购货商

　贷：银行存款

　　　短期借款——逾期借款

同时在“应付票据备查簿”中记录。

对于因无款支付或不足支付的罚息，应在收到银行罚息通知时，编制记账凭证：

借：营业外支出——罚息支出

贷：银行存款

（四）银行本票结算

银行本票结算流程见图1-6。

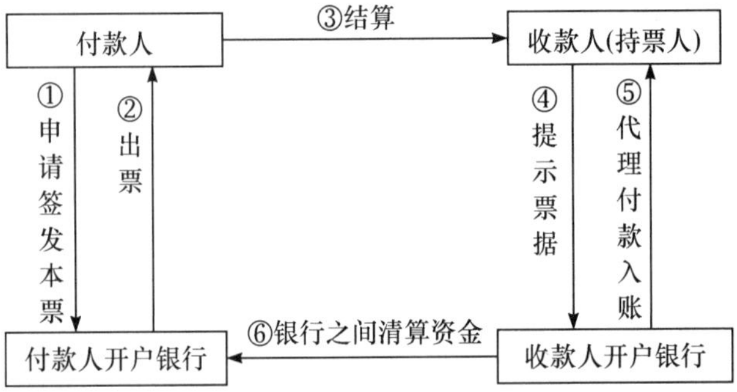

图1-6 银行本票结算流程

（1）申请签发本票。付款单位填写一式三联银行本票申请书，详细写明收款单位名称等各项内容。银行本票申请书第一联由申请人留存，代替记账凭证；第二联由出票行作借方凭证；第三联由出票行作贷方凭证。如申请人在签发银行开立账户的，应在银行本票申请书第二联上加盖预留银行印鉴。个体经营户和个人需要支取现金的，应在申请书上注明“现金”字样。

（2）签发本票。签发银行受理银行本票申请书，审查无误后，办理收款手续。付款单位在银行开立账户的，签发银行直接从其账户划拨款项；付款人用现金办理本票的，签发银行直接收取现金。银行按照规定收取办理银行本票的手续费，其收取的办法与票款相同。银行办妥票款和手续费收取手续后，即签发银行本票。

银行本票一式两联，第一联是卡片，出票行留存，结清本票时作借方凭证附件；第二联出票行结清本票时作借方凭证。

签发银行在签发银行本票时，同样应按照申请书的内容填写收款人名称，并用大写填写签发日期，用于转账的银行本票须在本票上划去“现金”字样，用于支取现金的银行本票须在本票上划去“转账”字样，然后在本票第一联上加盖本票专用章和经办、复核人员名章，用总行统一定制的压数机在“人民币大写”栏大写金额后端压印本票金额后，将本票第二联连同银行本票申请书存根联一并交给申请人。

付款单位收到银行本票和银行退回的银行本票申请书第一联后，财务部门编制记账凭证：

借：其他货币资金——银行本票

贷：银行存款

该笔记账凭证后附的原始凭证为：银行本票申请书回单联（第一联）。

对于银行按规定收取的办理银行本票手续费（如每单工本费0.2元，手续费 1 元)，付款单位应当编制记账凭证：

借：财务费用——银行手续费

贷：银行存款（或库存现金）

该笔记账凭证后附的原始凭证为：银行业务收费凭证客户联。

(3) 交付本票。付款人留下银行本票复印件，将银行本票交付收款单位。收款单位收到付款单位交来的银行本票后，首先应对银行本票进行认真的审查。

(4) 提示票据。收款单位审查无误后，受理付款单位的银行本票，填写一式三联进账单，并在银行本票背面加盖单位预留银行印鉴，将银行本票连同进账单一并送交开户银行。

(5) 银行代理入账。收款单位开户银行接到收款单位交来的本票，按规定认真审查。审查无误后即办理兑付手续，在第三联进账单上加盖“转讫”章作收款通知退回收款单位。如果购货金额大于本票金额，付款单位用支票补足款项的，可将本票连同支票一并送存银行，也可分开办理。如果收款单位收受的是填写“现金”字样的银行本票，按规定同样应办理进账手续。如果收款人是个体经济户和个人，则可凭身份证办理现金支取手续。

收款单位根据银行退回的进账单第三联及有关原始凭证编制记账凭证：

借：应收票据——××购货商

贷：主营业务收入——××产品

应交税费——应交增值税（销项税额）等

该笔记账凭证应附的原始凭证有：销货发票发票联；销货清单记账联；银行进账单第三联。

如果收款单位收到的银行本票金额大于实际销售金额，则收款单位应用支票或现金退回多余的款项。

(6) 银行之间清算资金。付款人根据有关付款业务凭证，编制记账凭证：

借：在途物资——××材料或物资（××供应商）

应交税费——应交增值税（进项税额）

贷：其他货币资金——银行汇票

该笔记账凭证应附的原始凭证有：购货发票发票联；运票发票发票联；银行本票第二联复印件。

（五）支付结算

1. 借记支票结算流程（见图 1-7）

(1) 出票付款。付款人向收款人开出现金支票或转账支票，在支票上加盖预留银行印鉴，支票存根留存，支票正联交付收款人。

付款人根据支票存根联及有关凭证，编制记账凭证：

借：管理费用等

贷：银行存款

该笔记账凭证应附的原始凭证有：相关付款业务的增值税发票的发票联；支票存根联。

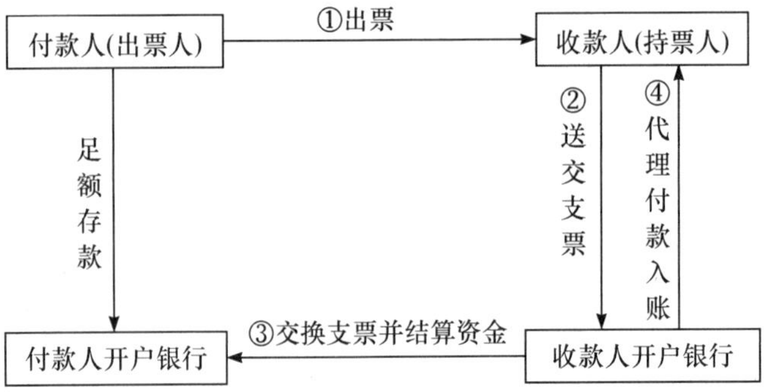

图1-7 借记支票结算流程

(2) 收款人委托银行收款。收款人若持有的是转账支票，在支票背书人签章栏签章，记载“委托收款”字样、背书日期，在被背书栏记载开户银行名称，并填制一式三联银行进账单，将支票和填制的进账单送交开户银行。

收款人若持有的是现金支票，在支票背面签章，填制有关身份证明信息，将支票和有关身份证明提交开户银行。

(3) 银行之间清算资金。收款人开户银行审核受理后，将第一联进账单加盖业务公章退收款人，第二联进账单加盖“转讫”章作贷方凭证，将转账支票交付款人开户银行办理转账。

(4) 收款人收款入账。若提交的是现金支票，收款人开户银行审核有关证明后，将现金支票转送付款人开户银行，根据现金支票票款支付现金给持票人。持票人收到现金时，编制记账凭证：

借：库存现金

　贷：其他业务收入等

该笔记账凭证应附的原始凭证有：相关收款业务的销货发票核算联；银行业务办理客户联。

转账支票方式下银行将第三联进账单加盖“转讫”章作收账通知交给持票人。持票人根据第三联进账单及有关凭证，编制记账凭证：

借：银行存款

　贷：其他业务收入等

该笔记账凭证应附的原始凭证有：相关收款业务的销货发票核算联；银行进账单第三联。

2. 贷记支票结算流程（见图1-8）

(1) 出票付款。付款人向收款人开出转账支票，在支票上盖上预留银行支票印章和法人章，并填制一式三联银行进账单，付款人留存支票存根，将支票正联和填制的进账单送交开户银行提示付款。

付款人根据支票存根联及有关凭证，编制记账凭证：

借：管理费用等

　贷：银行存款

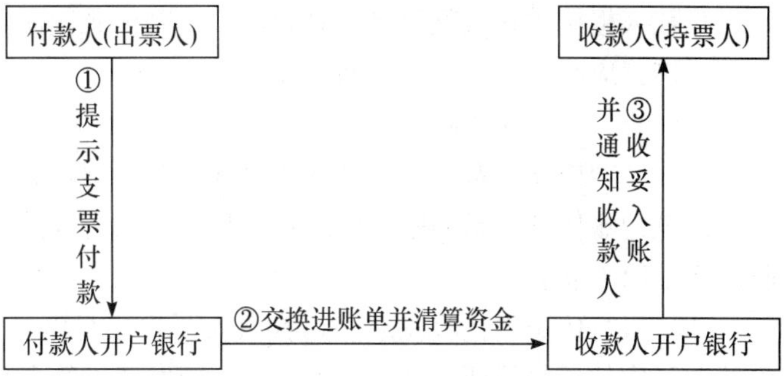

图1-8 贷记支票结算流程

该笔记账凭证应附的原始凭证有：相关付款业务的增值税发票联；支票存根联。

(2) 银行之间清算资金。付款人开户银行审核受理后，将转账支票作借方凭证。将第一联进账单加盖业务公章退付款人，第二联和第三联进账单通过票据交换转入收款人开户银行。

(3) 收款人收款入账。收款人开户银行将收到的第二联进账单作贷方凭证，办理转账，将第三联进账单加盖转讫章作收账通知交给收款人。收款人编制记账凭证：

借：银行存款

　　贷：其他业务收入等科目

该笔记账凭证应附的原始凭证有：相关收款业务的销货发票发票联；银行进账单第三联。

(六) 委托收款结算

委托收款结算流程见图1-9。

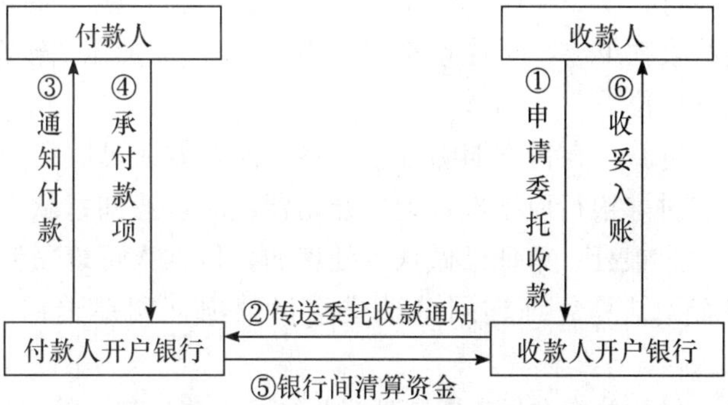

图1-9 委托收款结算流程

(1) 申请委托收款。根据收款人发票等填制托收结算凭证向银行提出托收款申请，收到银行签章退回的第一联回单联。托收凭证一式五联，第一联为收款人开户行给收款人的回单联，第二联由收款人开户行作贷方凭证，第三联由付款人开户行作借方凭证，第四联为收款人开户银行在款项收妥后给收款人的收款通知，第五联为付款人开户银行给付款人按期付款的通知。

收款人根据委托收款回单联等凭证，编制记账凭证：

借：应收账款——××购货商

贷：主营业务收入——××产品

应交税费——应交增值税（销项税额）等

该笔记账凭证应附的原始凭证有：相关收款业务的销货发票发票联；委托收款凭证第一联。

（2）银行传送委托收款通知。收款人开户银行将托收凭证的第二联留存，将其余联次的托收凭证和其他有关凭证一同发往付款人开户银行。

（3）通知付款。付款人开户银行将收到的第三联托收凭证留存，将第四、五联托收凭证和其他有关凭证送往付款单位。

（4）办理付款。付款单位核对有关收款凭证、托收凭证等，在承付期（3日）到期时将托收凭证的第四联送交银行，办理货款的支付。付款人根据相关凭证编制记账凭证：

借：在途物资——××材料或物资（××供应商）

应交税费——应交增值税（进项税额）

贷：银行存款

该笔记账凭证应附的原始凭证有：购货发票发票联；运票发票发票联；委托收款凭证第五联。

付款人在付款期内未向银行提出异议的，银行视作同意付款，并在付款期满的次日（节假日顺延）上午开始营业时，将款项主动划给收款人。如在付款期满前，付款人通知银行提前付款，应立即办理划款。付款人审查付款通知和有关单证，发现有明显的计算错误，应该多付款项时，可由出纳员填制一式四联的多付款理由书（可以用拒绝付款理由书替代），于付款期满前交开户银行将多付款项一并划给收款单位。银行审查同意后，将多付款项连同托收金额划转给收款单位，同时将多付款理由书第一联加盖“转讫”章后作收款通知交给收款单位。

付款人在付款期满日营业终了前，如无足够资金支付全部款项，即为无款支付，银行应于次日上午开始营业时，通知付款人将有关单证在2日内退回开户银行。单证已做账务处理的，付款人可以填制应付款项证明单。银行将有关结算凭证连同单证或应付款项证明单退回收款人开户银行转交收款人。

付款单位在付款期满日营业终了之前，其银行账户内存款不足以支付款项或无款支付时，银行于次日上午开始营业时填制一式四联的无款支付通知书。付款单位必须于银行发出通知的次日起2日内（到期日遇节假日顺延，邮寄的加邮程），将托收凭证第五联及所附的有关单证全部退还开户银行。如果付款单位已将有关单证做账务处理或部分付款的，应填制应付款项证明单送交开户银行。应付款项证明单一式两联，第一联收款单位作为应收款项的凭据，第二联由付款单位留存作应付款项的凭据。

付款单位出纳应认真逐项填制收款人名称、付款人名称、单证名称、单证编号、单证日期、单证内容等项目内容，并在“单证未退回原因”栏内注明单证未退回的具体原因，如单证已做账务处理、已经部分付款等，同时在“我单位应付款项”栏填写应付给收款单位款项的大写金额，如确实无款支付则应付金额等于托收金额，如已部分付款则应付金额等于托收金额减去已付款金额之余额，并在付款人盖章处加盖本单位公章。银行审查无误后，将托收凭证连同有关单证或应付款项证明单退回收款单位开户银行转交给收款单位。

(5) 银行间清算资金。付款人开户银行根据付款人送交的托收凭证第四联进行银行间款项的清算。

(6) 收款入账。收款人开户银行将托收凭证第四联送交收款人通知收款入账。收款人据以编制记账凭证：

借：银行存款

　　贷：应收账款——××购货商

该笔记账凭证应附的原始凭证为：委托收款凭证第四联。

在同城范围内，收款人收取公用事业费或根据国务院规定，可以使用同城特约委托收款。收取公用事业费，必须具有收付双方事先签订的经济合同，由付款人向开户银行授权，经开户银行同意后，报经中国人民银行当地分支行批准。

（七）汇兑结算

汇兑结算流程见图 1－10。

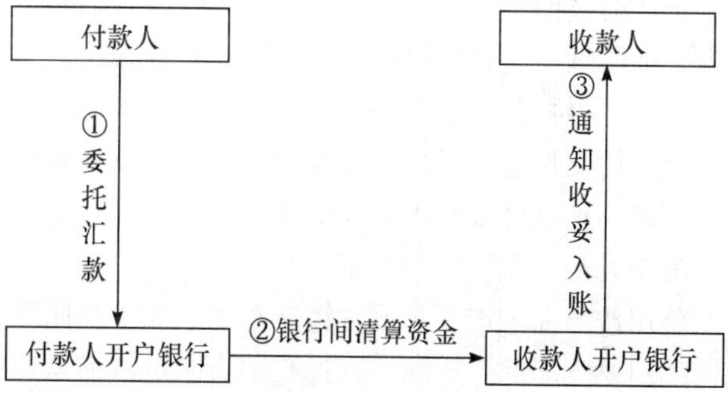

图 1－10 汇兑结算流程

(1) 委托汇款。付款人向银行提交汇兑结算凭证（信汇为一式四联），委托银行向收款人支付款项。收到银行签章退回的回单联（第一联），支付款项。

如果款项是汇给个人的，即汇兑凭证上记载收款人为个人，收款人需要到汇入银行领取汇款的，汇款人应在汇兑凭证上注明“留行待取”字样，对于留行待取的汇款，需要指定该单位的某个收款人领取的，还应注明收款人的单位名称；信汇凭证上指明凭收款人的签章领取的，应在信汇凭证上预留收款人签章。汇款人如果限定所汇款项不得进行转汇时，应在汇兑凭证的“附加信息及用途”栏内写上“不得转汇”字样。汇款人和收款人均为个人，需要在汇入行支取现金的，应在信汇或电汇凭证的“汇款金额”栏内，先填写“现金”字样，后填写汇款金额。

汇款单位根据银行盖章退回的汇兑凭证第一联，编制记账凭证：

借：在途物资——××材料或物资（××供应商）

　　应交税费——应交增值税（进项税额）

　贷：银行存款

该笔记账凭证应附的原始凭证有：购货发票发票联；运票发票发票联；信汇凭证第一联。

（2）银行间清算资金。信汇方式下，付款人开户银行留存信汇凭证的第二联，将第三、四联送往收款人开户银行。办理银行间款项的清算。

（3）收款人收款入账。在信汇方式下，收款人开户银行根据收到的信汇凭证第三联进行付款人存款转入的核算，并将第四联（入账通知联）送达收款人。收款人收到银行转来的信汇凭证第四联或有关汇入款收账单，编制记账凭证：

借：银行存款

　贷：应收账款等

该笔记账凭证应附的原始凭证有：销货发票核算联；运票发票核算联；委托收款凭证第五联。

（八）网上银行支付

企业通过网上银行进行款项支付的，以收到银行盖章的网上银行电子回单作为凭证附件。支付的银行服务费计入财务费用。

（九）支付宝、微信等方式支付

企业用支付宝、微信进行款项支付的，以在系统中打印出来的支付宝付款凭证、微信付款凭证作为凭证附件。

第十九条　车间成本核算

公司按产品生产工艺设置铸造车间、加工车间和装配车间，并设有一辅助生产部门供气车间。产品生产过程中自制半成品从简核算，不入库，直接转入下一个加工步骤。产品生产成本采用平行结转分步法计算结转完工产品成本，月末在产品成本按定额成本计价核算。

车间成本核算包括有关费用的归集和产品成本核算，其流程见图1-11。

（一）有关部门发生的费用根据相关原始凭证编制记账凭证，进行费用的归集。

（1）材料费用的归集与分配。由车间及有关部门的领料经办人填写领料单，并经该单位主管领导批准到仓库领用材料。仓库保管员根据领料单，审核后发放材料，并在领料单上签章。领料单有消耗限额的材料领用则填制一式三联限额领料单。存货核算会计根据领料料或限额领料单，在进销存模块中填制

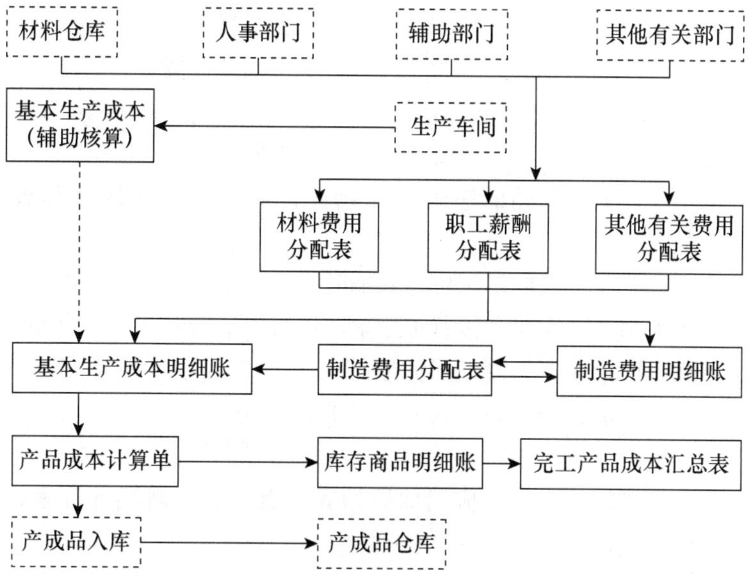

图 1-11 车间成本核算流程

出库单，月末根据材料出库单和材料用途填制材料费用分配表，共同耗用的材料按定额消耗量的比例进行分配。编制记账凭证：

借：基本生产成本——直接材料（部门、产品）
　　辅助生产成本——供气车间——材料费
　　制造费用——××车间——材料费
　　管理费用——材料费 等
　贷：原材料——××类别——××材料
　　　周转材料——××类别——××物品

该笔记账凭证应附的原始凭证有：材料或物资领料单记账联；材料费用分配表。

（2）职工薪酬费用的归集和分配。由公司薪酬核算会计根据人事部门提供的考勤记录等计算应付工资，填制职工薪酬计算表一式三联，一联由薪酬核算会计留存，一联交出纳，一联交各车间或部门核算会计，由各车间或部门会计据以编制职工薪酬费用分配表，产品生产共同发生的职工薪酬费用按产品定额工时比例分配。编制记账凭证：

借：基本生产成本——直接人工（部门、产品）
　　辅助生产成本——供气车间——职工薪酬
　　制造费用——××车间——职工薪酬
　　管理费用——职工薪酬等
　贷：应付职工薪酬——工资
　　　　　　　　　——职工福利
　　　　　　　　　——社会保险费
　　　　　　　　　——住房公积金

——工会经费

——职工教育经费等

其他应付款——××项目

应交税费——应交个人所得税等

该笔记账凭证应附的原始凭证有：职工薪酬计算表；职工薪酬费用分配表。

公司发放职工工资等薪酬时，由出纳根据职工薪酬计算表中的实发工资总额填制转账支票和银行进账单向银行申请转账，公司薪酬核算会计根据银行进账单回单联，编制记账凭证：

借：应付职工薪酬——工资

贷：银行存款

该笔记账凭证应附的原始凭证有：职工薪酬计算表；银行进账单回单联（第一联）。

（3）折旧费的计算与分配。由公司会计主管根据会计信息系统中固定资产管理模块中的固定资产折旧系统，按固定资产类别和使用部门将折旧费分配至相关项目，编制记账凭证：

借：辅助生产成本——供气车间——折旧费

制造费用——××车间——折旧费

管理费用——折旧费等

贷：累计折旧

该笔记账凭证应附的原始凭证为：固定资产折旧计提表。

（4）其他相关费用的归集和分配。其他相关费用发生时，由往来核算会计根据费用发生情况和用途，编制记账凭证。如支付水电费等。

借：其他应收款——××部门或个人

贷：银行存款

该笔记账凭证应附的原始凭证有：水电费发票；有关付款凭证；费用内部结算单。

各部门根据承担的费用进行分配，对共同耗用的水电费按定额工时比例分配：

借：基本生产成本——燃料及动力（部门、产品）

辅助生产成本——供气车间——水电费

制造费用——××车间——水电费

管理费用——水电费等

贷：其他应收款——××部门或个人

该笔记账凭证应附的原始凭证有：费用内部结算单；燃料及动力费分配表。

（二）辅助生产成本的归集与分配。

辅助生产成本通过开设“辅助生产成本——供气车间”明细账，并按费用项目设置明细专栏进行核算，不开设“制造费用”明细账。月末辅助生产成本核算会计汇总辅助生产成本明细账的借方发生额总额，根据供气车间提供的劳务量，采用直接分配法按受益对象进行分配。编制记账凭证：

借：制造费用——××车间——燃气费
　　管理费用——燃气费等
　贷：辅助生产成本——供气车间

该笔记账凭证应附的原始凭证为：辅助生产费用分配表。

（三）制造费用的归集与分配。

月末各生产车间的成本核算会计汇总本车间制造费用明细账的借方发生额总额，根据本车间生产的各种产品定额生产工时比例，进行制造费用分配。编制记账凭证：

借：基本生产成本——制造费用（部门、产品）
　贷：制造费用——××车间

该笔记账凭证应附的原始凭证：制造费用分配表。

（四）完工产品成本计算与结转。

公司采用平行结转分步法计算完工产品成本，月末各车间成本核算会计将本车间归集的生产费用在完工产品和广义在产品之间进行分配，按定额成本计算月末广义在产品成本，倒挤求出应计入完工产品的成本份额。各车间的完工产品成本结转流程为：

（1）铸造车间的成本结转。铸造车间平时核算是按其生产的半成品设置明细项目归集费用的，因此月末计算出应计入完工产品成本份额。为最终归集计算出完工产品成本，其成本核算分两步进行。

第一步，将铸造车间归集的生产费用在完工产品和在产品之间进行分配，将应计入完工产品成本份额由半成品成本项目转为产品成本项目，编制记账凭证：

借：基本生产成本——直接材料（柴油机、金马机、发电机明细项目）
　　　　　　　　——直接人工（柴油机、金马机、发电机明细项目）
　　　　　　　　——燃料及动力（柴油机、金马机、发电机明细项目）
　　　　　　　　——制造费用（柴油机、金马机、发电机明细项目）
　贷：基本生产成本——直接材料（普通铸铁、球墨铸铁、铸铝件明细项目）
　　　　　　　　　——直接人工（普通铸铁、球墨铸铁、铸铝件明细项目）
　　　　　　　　　——燃料及动力（普通铸铁、球墨铸铁、铸铝件明细项目）
　　　　　　　　　——制造费用（普通铸铁、球墨铸铁、铸铝件明细项目）

该笔记账凭证应附的原始凭证有：铸造车间成本计算表；铸造车间完工产

品成本计算表。

第二步，将应计入完工产品成本的份额转入库存商品成本，编制记账凭证：

借：库存商品——6105Q-1柴油机
——6105Q-1金马机
——15KW发电机
贷：基本生产成本——直接材料（柴油机、金马机、发电机明细项目）
——直接人工（柴油机、金马机、发电机明细项目）
——燃料及动力（柴油机、金马机、发电机明细项目）
——制造费用（柴油机、金马机、发电机明细项目）

该笔记账凭证应附的原始凭证为：铸造车间成本计算表；铸造车间完工产品成本计算表。

(2) 加工车间的成本结转。加工车间平时核算是按其产品品种设置明细项目归集费用的。月末计算出应计入完工产品成本份额时，编制记账凭证：

借：库存商品——6105Q-1柴油机
——6105Q-1金马机
——15KW发电机
贷：基本生产成本——直接材料（柴油机、金马机、发电机明细项目）
——直接人工（柴油机、金马机、发电机明细项目）
——燃料及动力（柴油机、金马机、发电机明细项目）
——制造费用（柴油机、金马机、发电机明细项目）

该笔记账凭证应附的原始凭证有：加工车间成本计算表。

(3) 装配车间的成本结转。装配是产品生产加工的最后一道工序，完工产品由装配车间完工检验合格送入成品仓库。完工产品每5天办理一次入库手续。平时核算是按其产品品种设置明细项目归集费用的。月末计算出应计入完工产品成本份额时，编制记账凭证：

借：库存商品——6105Q-1柴油机
——6105Q-1金马机
——15KW发电机
贷：基本生产成本——直接材料（柴油机、金马机、发电机明细项目）
——直接人工（柴油机、金马机、发电机明细项目）
——燃料及动力（柴油机、金马机、发电机明细项目）
——制造费用（柴油机、金马机、发电机明细项目）

该笔记账凭证应附的原始凭证有：装配车间成本计算表；产品入库单。

公司财务管理

第二十条　现金管理

（一）公司可在下列范围内使用现金：

(1) 职员工资、津贴、奖金。

（2）个人劳务报酬。

（3）出差人员必须携带的差旅费。

（4）结算起点以下的零星支出。

（5）总经理批准的其他开支。

货款结算起点定为 1 000 元，结算规定调整，由财务经理审核，总经理确定。

（二）除本条第（一）款规定外，财务人员支付个人款项，超过使用现金限额的部分，应当以支票支付；对于确需全额支付现金的，看其实际情况经财务总监审核批准后可支付现金。

（三）公司购置大额固定资产、原材料、办公用品及其他工作用品必须采取转账结算方式，不得使用现金。

（四）财务人员支付现金，可以从公司库存现金限额中支付或从银行存款中提取，不得从现金收入中直接支付（即坐支）。因特殊情况确需坐支的，应事先报经财务总监批准。

（五）财务人员从银行提取现金，应当填写现金领用单，并写明用途和金额，由财务经理批准后，再填写支票到银行提取。

（六）公司职员因工作需要（如出差等）借用现金的，需填写借款单，经会计审核，财务经理核实，总经理批准签字后方可借用。超过还款期即转为应收款，并在当月工资中扣还。

（七）符合本条第（一）款规定的，凭发票、工资单、差旅费单及公司认可的有效报销或领款凭证，经手人签字及本部门主管审核，财务经理审核，总经理批准后由出纳支付现金。

（八）发票及报销单经各部门经理批准后，由会计审核，经手人签字，金额数量无误，财务经理审核后由出纳支付现金，出纳汇总分类并填制原始凭证汇总表交给会计人员填制记账凭证。

（九）差旅费及各种补助单和其他费用（包括领款单），会计审核时间、出差天数及报销标准无误，由财务经理审核，送总经理签字，然后由出纳员付款，会计填制记账凭证，进行账务处理。

（十）无论何种汇（付）款，财务人员都须审核汇（请）款通知单；审查是否分别由经手人、部门主管、总经理（或授权者）签字，否则不可支付款项；只有符合财务手续的会计凭证经审核有效方可支付。

第二十一条　票据管理

（一）支票等票据由出纳员保管，支票、电汇等使用时须有票据领用单，经财务经理批准签字，然后将票据按批准金额封头，加盖印章，填写日期、用途、登记号码，领用人在票据簿上签字备查。

（二）办理票据付款时，出纳员必须根据有总经理签批的汇款申请单，并由会计核对后无误，再按照要求填写，大小写金额要相符，存根联须由经办人签字。出纳员统一编制凭证号码，按规定登记相应的现金、银行存款日记账。

（三）对于报销时短缺的金额，财务人员要及时催办，到月底按本条第（五）款处理。

（四）凡是有款项进入银行账户两日内，无论金额大小，会计或出纳人员应及时核实，没及时到位的应文字性记录备案或报告财务总监。凡与公司业务无关款项，不论金额大小，由承办人文字性报告（或说明）并上交公司财务。

（五）公司财务人员支付（包括公司公私借用）每一笔款项，不论金额大小均须总经理签字；总经理外出由财务人员设法通知，同意后方可先付款后补签。借款不论金额大小，均通过借款单形式。

第二十二条　存货管理

（一）公司按照生产计划及库存情况确定采购批量，采购业务均由采购供应部负责，购货前须填写顺序编号的正式订单，将其副本分别送财务部和物资管理部，购入的货物均由质量检测部负责验收，将验收单分送采购供应部、物资管理部和财务部；存货的日常收付业务实行永续盘存制。

（二）生产耗用材料根据投产量和定额消耗资料领用，每隔5天领料一次，领料凭证为限额领料单（一式三联）。其他材料领用采用领料单（一式三联），根据具体业务确定领料次数和每次领料量。发出材料成本采用移动加权平均法计算。生产过程共同性耗用材料，按原材料定额消耗量比例分配。

（三）产品成本计算采用平行结转法，月末在产品按定额成本计价。完工产品每5天办理一次入库手续，入库完工产品按实际成本计价，发出商品成本均采用移动加权平均法计算。

（四）周转材料原则上采用一次摊销法计入有关成本费用。对于单位价值较高、使用期限长的周转材料也可采用分期摊销法摊销。

（五）要监督管理存货价值，按类别核查存货可变现净值，若发生减值，应计提存货跌价准备。

第二十三条　费用管理

（一）本公司开支的费用均要履行审批报销程序。一切报销单据均须做到一单三签字：经手人、证明人、审批人签字。有明确标准的费用报销由财务科长签字即可；此外的一切费用均应由财务经理审批。

（二）公务用电话费每月按下列标准凭发票据实报销：公司级领导按300元/人，部门负责人100元/人，其他管理人员50元/人。

（三）差旅费报销。差旅费严格审批制度，凭票据按限额标准报销。每日住宿标准为：公司高层管理者180元/人；部门负责人150元/人，职员100元/人。每日出差补贴标准为40元/人。遇特殊情况应经总经理审批方可报销。订票费在票面余额20%以内的部分可报销；旅游门票、招待票等不得报销。

（四）销售人员因业务需要发生的差旅费、办公费及业务招待费实行定额报销制度，定额为10万元/月，发生时计入销售费用。其他人员差旅费按财务制度规定报销，均计入管理费用。

（五）董事会经费按工资总额的2‰计提，经董事长审批开支使用。

（六）长期待摊费用按5年平均摊销。

（七）各种以摊余成本计量的金融资产采用实际利率法确认当期应摊销金额。

（八）各项税费按国家有关税法规范确认。公司主要涉及的税率有：

（1）本公司为增值税一般纳税人，产品销售和处置动产适用的增值税税率为13%，无形资产处置和不动产处置适用税率为6%。

（2）城市维护建设税税率为当期应交增值税的7%，教育费附加率为当期应交增值税的8%。

（3）建筑勘察合同印花税税率为合同金额的0.5‰。

（4）公司拥有载货车10辆，净吨位550吨，每吨年纳税额40元；小轿车2辆，每辆年纳税额100元；大客车2辆，每辆年纳税额200元。上述税款按年征收，按月缴纳。

（5）公司房产原值19 996 388.06元，按房产原值一次减除20%后的余值计征，年税率为1.2%，按月缴纳房产税。

（6）公司占地面积54 830.76平方米，土地使用税税率为1.5元/平方米，按年征收，分月缴纳。

第二十四条 职工薪酬管理

（一）工资由人事部薪酬管理员汇总各部门提交的员工出勤考核表，经审核后计算员工工资。于每月15日填制职工薪酬结算单（一式两联，一联留存公司部门，一联交各车间和部门留存），经总经理签审，财务人员（出纳）按时到银行申请转账发放工资。

（二）销售人员以外的其他公司员工的工资，由各部门按上月考勤记录及公司财务制度有关规定计算；销售人员的工资除基本工资和津贴按规定计算外，其绩效工资按上月销售额的4‰计算。

（三）缺勤工资的计算：

（1）公假、产假、丧假、婚假不扣工资。

（2）事假按“日工资率×请假天数”计算扣发工资，日工资率=基本工资/30。

（3）旷工按“（日工资率×2）×缺勤天数”计算扣发工资。

（4）病假按“日工资率×请假天数×40%”计算扣发工资。

（5）加班工资按“日工资率×加班天数×200%”计算应发工资。

（四）有关社会保险费的计提：

社会保险费按国家有关政策，按工资总额的一定比例计提，具体标准见表1-2。

表1-2　社会保险费计提标准表

项目	职工个人负担	企业负担
医疗保险金	2%	11%+5元（大病保险）*
养老保险金	8%	20%
失业保险金	1%	2%
生育保险金		0.5%
工伤保险金		1%
住房公积金	15%	15%
工会经费	0.5%	2%
职工教育经费		1.5%

*公司为每位职工每月缴纳5元大病医疗保险。

（五）职工应按照国家规定缴纳个人所得税，职工有公司取得收入的个人所得税由公司按规定统一扣缴。

应交个人所得税＝应纳税所得额×适用税率－速算扣除数
＝(工资、薪金所得－三险一金－专项附加扣除－扣除标准)×适用税率－速算扣除数

式中：

（1）工资、薪金所得是指个人因任职或受雇而取得的工资、薪金、奖金、年终加薪、劳动分红、津贴、补贴以及与任职、受雇有关的其他所得。

（2）三险一金是医疗保险金、养老保险金、失业保险金和住房公积金。

（3）专项附加扣除是指个人所得税法规定的子女教育、继续教育、大病医疗、住房贷款利息或者住房租金、赡养老人等6项专项附加扣除。

（4）扣除标准：起征点为5 000元。

（5）适用七级超额累进税率（3%～45%）计缴个人所得税，见表1-3。

表1-3　个人所得税税率表（综合所得适用）

级数	全年应纳税所得额	税率（%）	速算扣除数
1	不超过36 000元的	3	0
2	超过36 000元至144 000元的部分	10	2 520
3	超过144 000元至300 000元的部分	20	16 920
4	超过300 000元至420 000元的部分	25	31 920
5	超过420 000元至660 000元的部分	30	52 920
6	超过660 000元至960 000元的部分	35	85 920
7	超过960 000元的部分	45	181 920

注：（1）本表所称全年应纳税所得额是指依照《中华人民共和国个人所得税法》第六条的规定，居民个人取得综合所得以每一纳税年度收入额减除费用6万元以及专项扣除、专项附加扣除和依法确定的其他扣除后的余额。

（2）非居民个人取得工资、薪金所得，劳务报酬所得，稿酬所得和特许权使用费所得，依照本表按月换算后计算应纳税额。

第二十五条 产品成本管理

（一）公司实行定额成本管理，严格按定额标准控制各项成本费用的发生。

（二）车间发生的制造费用按生产产品的定额工时比例进行分配。

（三）产品成本结转采用平行结转分步法，各步骤在产品成本按定额成本计算。原材料在各车间生产开始时一次性投入，其他费用在生产过程中陆续发生，各车间期末结存的在产品完工率按50％计算。

（四）为了监督管理铸造车间的半成品成本，铸造车间平时按本步骤生产的普通铸铁、球墨铸铁、铸铝件归集生产费用，月末计算各种铸件应计入的完工产品成本的份额。但要最终计算出各种完工产品的成本，该步骤的成本结转应分三步进行。其成本分配流程如下：

(1) 计算各种铸件应计入完工产品成本份额。按定额成本计算出各种铸件的月末广义在产品成本，将当月归集的费用总额扣除月末在产品成本，求出各种铸件应计入完工产品的成本份额。以普通铸铁的成本分配为例，有关计算公式如下：

$$\begin{matrix}\text{普通铸铁月末}\\ \text{广义在产品成本}\end{matrix}=\sum\left(\begin{matrix}\text{各种产品月末}\\ \text{广义在产品数量}\end{matrix}\times\begin{matrix}\text{单位产品普通铸铁}\\ \text{定额消耗量}\end{matrix}\right)\times\begin{matrix}\text{普通铸铁}\\ \text{计划单位成本}\end{matrix}$$

$$\begin{matrix}\text{普通铸铁应计入}\\ \text{完工产品成本的份额}\end{matrix}=\begin{matrix}\text{普通铸铁}\\ \text{本月费用总额}\end{matrix}-\begin{matrix}\text{普通铸铁月末}\\ \text{广义在产品成本}\end{matrix}$$

上述公式应用按直接材料、直接人工、燃料及动力、制造费用成本项目分别计算。

球墨铸铁、铸铝件应计入完工产品成本的份额采用同样方法计算。

(2) 转换求出各种铸件应计入完工产品成本的成本项目金额。该转换计算过程可通过表1-4完成。

按照各种铸件的定额成本结构和产品消耗量比例，将各种铸件应计入完工产品的成本份额转换为按产品品种反映的成本，求出应计入完工产品的总成本及各成本项目金额。

$$\begin{matrix}\text{普通铸铁应计入完工}\\ \text{产品成本份额分配率}\end{matrix}=\frac{\text{某种完工产品数量}\times\text{单位产品普通铸铁定额消耗量}}{\sum(\text{各种完工产品数量}\times\text{单位产品普通铸铁定额消耗量})}$$

$$\begin{matrix}\text{某种完工产品（如柴油机）}\\ \text{应分配的普通铸铁总成本}\end{matrix}=\begin{matrix}\text{该种产品普通}\\ \text{铸铁定额消耗量}\end{matrix}\times\begin{matrix}\text{普通铸铁应计入完工}\\ \text{产品成本份额分配率}\end{matrix}$$

$$\begin{matrix}\text{普通铸铁应计入某种产品}\\ \text{（如柴油机）的直接材料成本}\end{matrix}=\frac{\text{单位普通铸铁直接材料计划成本}}{\text{单位普通铸铁计划成本}}\times\begin{matrix}\text{完工产品（如柴油机）}\\ \text{应分配的普通铸铁总成本}\end{matrix}$$

$$\begin{matrix}\text{普通铸铁应计入某种产品}\\ \text{（如柴油机）的燃料及动力成本}\end{matrix}=\frac{\text{单位普通铸铁燃料及动力计划成本}}{\text{单位普通铸铁计划成本}}\times\begin{matrix}\text{完工产品（如柴油机）}\\ \text{应分配的普通铸铁总成本}\end{matrix}$$

表 1-4 铸造车间完工产品成本计算表

______年______月

项目		普通铸铁				球墨铸铁				铸铝件				合计
		定额消耗量	单位计划成本	分配率	金额	定额消耗量	单位计划成本	分配率	金额	定额消耗量	单位计划成本	分配率	金额	
6105Q-1柴油机（产量 台）	直接材料				③				⑦				⑧	⑨
	燃料及动力				④									
	直接人工				⑤									
	制造费用				⑥									
	小计				②									⑩
6105Q-1金马机（产量 台）	直接材料													
	燃料及动力													
	直接人工													
	制造费用													
	小计													
15KW发电机（产量 台）	直接材料													
	燃料及动力													
	直接人工													
	制造费用													
	小计													
合计			①											

$$\text{普通铸铁应计入某种产品(如柴油机)的直接人工成本}=\frac{\text{单位普通铸铁直接人工计划成本}}{\text{单位普通铸铁计划成本}}\times\text{完工产品(如柴油机)应分配的普通铸铁总成本}$$

$$\text{普通铸铁应计入某种产品(如柴油机)的制造费用成本}=\frac{\text{单位普通铸铁制造费用计划成本}}{\text{单位普通铸铁计划成本}}\times\text{完工产品(如柴油机)应分配的普通铸铁总成本}$$

依此类推，可分解求出各种铸件应计入柴油机完工产品成本的各成本项目金额。同样方法可求出应计入金马机、发电机完工产品成本的各成本项目金额。

(3) 汇总计算应计入完工产品的成本项目。

$$\text{应计入完工产品(如柴油机)直接材料成本}=\text{普通铸铁应计入柴油机的直接材料}+\text{球墨铸铁应计入柴油机的直接材料}+\text{铸铝件应计入柴油机的直接材料}$$

直接人工、燃料及动力、制造费用项目的金额按上述公式原理计算，即可计算得出铸造车间应计入柴油机完工产品成本的份额及各成本项目金额。依此类推，可汇总求出铸造车间应计入各种完工产品成本份额及成本项目金额。

$$\text{应计入完工产品(柴油机)的成本}=\text{应计入完工产品(如柴油机)直接材料成本}+\text{应计入完工产品(如柴油机)燃料及动力成本}+\text{应计入完工产品(如柴油机)直接人工成本}+\text{应计入完工产品(如柴油机)制造费用成本}$$

(五) 加工车间、装配车间按产品品种柴油机、金马机和发电机设置明细账归集生产费用，月末将应计入完工产品的成本份额转出。

(六) 汇总各生产车间转入完工产品的成本，即计算出完工产品成本。公司应将实际成本与定额成本进行比较分析，挖掘潜力，不断降低成本，提高经济效益。

第二十六条 固定资产管理

(一) 固定资产是指使用期限超过一年的房屋、建筑物、机器、机械、运输工具以及其他与生产经营有关的设备、器具、工具等。不属于生产经营主要设备的物品，单位价值在 2 000 元以上，或者使用期限超过 2 年的，也应作为固定资产管理。按照公司固定资产构成分为以下几类：房屋、建筑物；通用设备；专用设备；交通运输设备；电气设备；电子通信设备；仪器仪表计量设备。

(二) 根据内部控制制度，固定资产由使用部门进行管理，并由财务部门对公司固定资产进行核算监督。

(三) 固定资产增减变动包括固定资产购置、出售、捐赠、报废等。要根据公司的发展规划等方面的需要，全盘规划，保证重点。贯彻勤俭节约的方针，避免重复购置，积压浪费。

（1）购入、调入和自制、自建完工交付使用增加的固定资产，不分部门、不分经费来源，统一由公司物资管理部组织相关部门验收，验收合格后，由物资管理部根据发票、固定资产调拨单或基建项目交付使用验收单据等凭证，办理入账和出库手续，使用部门办理领用手续。

（2）接受捐赠或盘盈的固定资产，由物资管理部办理接收和交接，并根据固定资产交接单、捐赠协议、发票或固定资产盘盈报告单等办理入账和领用手续。

（3）固定资产的减少变动（调出、报废、丢失、损坏）都必须按规定履行报批手续。公司各部门占有或使用的固定资产，其产权归公司所有，处置权归物资管理部，任何单位和个人不得擅自对固定资产报废、调出、变卖、串换或私分。

（4）固定资产处置的审批手续完备后，由物资管理部组织回收、处置或授权处置。

（5）对使用部门长期闲置、多余或不能有效利用的固定资产，物资管理部有权进行处置和调剂。

（四）固定资产采用平均年限法分类计提折旧。净残值率为5%，折旧费用按月计入成本费用。各类固定资产预计使用年限见表1-5。

表1-5 固定资产折旧年限表

固定资产类别	折旧年限（年）
房屋、建筑物	20
通用设备	10
专用设备	10
交通运输设备	4
电气设备	10
电子通信设备	3
仪器仪表计量设备	5

（五）要监督管理固定资产的现时价值，定期核查各类别固定资产可收回金额，若发生减值，应计提固定资产减值准备。

第二十七条 销售和应收款管理

（一）公司以产品控制权转移为标准确认销售收入。一般情况下，国内销售采用支票、银行汇票、商业汇票、汇兑等方式结算货款或赊销的，均在开出发票并发出产品以后确认销售收入；若采用托收承付结算方式的，则应在开出发票并向银行办妥托收手续后确认销售收入。

国外销售采用信用证结算方式结算货款的，在开具商业发票，备齐有关单证，连同买方银行开出的信用证一起提交银行办理结算后，作为销售实现。

凡用现金结算的业务，本公司必须将收回的现金及时送存银行。

（二）公司要严格审核客户信用状态，选择合适的销售方式。销售形成的应收账款要及时收回，动态监控应收账款发生坏账的风险，并遵循谨慎性原则，按应收账款余额及账龄分析计提坏账准备（见表1-6和表1-7）。

表1-6 应收账款账龄分析表

客户名称	应收账款余额	未过期	过期				
			1～30天	31～60天	61～90天	91～120天	120天以上
合计							

表1-7 坏账损失估计表

应收账款账龄	应收账款余额	估计坏账百分比（%）	估计坏账准备
未过期		1	
1～30天		3	
31～60天		6	
61～90天		10	
91～120天		18	
120天以上		30	
合计			

公司也应关注形成的其他应收款产生坏账的风险，按其他应收款余额的10%计提坏账准备。

第二十八条 利润分配

（一）公司税后利润根据当年盈利情况和股东大会决议，按一定比例分配，对投资者的利润分配按出资比例计算。

（二）公司按年度净利润的10%提取法定盈余公积，按本年净利润的5%提取任意盈余公积。

附 则

第二十九条 本制度由财务部负责解释。

第三十条 本制度自发布之日起生效。

三、模拟实训单位岗位设置及实训流程

（一）模拟实训岗位设置

在模拟实训过程中，根据岗位分工和各岗位工作量大小，体现业财融合，在岗位设置时将相关业务部门的工作内容与财务部门的会计核算业务相结合，并体现业务处理流程，将三清股份有限责任公司的模拟实训岗位设为8个。每个岗位的工作任务如下：

（1）实训岗位1：担任财务经理一职。负责进行公司账务系统的初始化设置，分设各岗位权限，履行财务经理相关职责。

（2）实训岗位2：担任会计主管一职，兼任业务经理和公司行政管理部门人员。负责开展公司行政管理部门的相关业务，履行业务经理的相关审批职责，进行公司行政管理部门业务的核算和固定资产管理等业务。

（3）实训岗位3：担任采购与存货核算一职，兼任公司采购人员和存货管理人员。开展相关采购业务，进行进销存系统操作管理，并负责有关采购业务和存货收发业务的核算。

（4）实训岗位4：担任销售核算一职，兼任公司销售人员。负责开展销售部门的相关业务，并进行有关销售部门业务的核算。

（5）实训岗位5：担任铸造车间成本核算和供气车间成本核算两个岗位职务，同时兼任铸造车间和供气车间的生产人员，负责开展铸造车间和供气车间的相关业务，并进行相关业务的核算。

（6）实训岗位6：担任加工车间成本核算和装配车间成本核算两个岗位职务，同时兼任加工车间和装配车间的生产人员，负责开展装配车间和加工车间的相关业务，并进行相关业务的核算。

（7）实训岗位7：担任出纳一职，同时兼任与三清公司发生业务往来的相关单位人员（此岗位简称“外协岗位”）。履行出纳职责开展相关业务，进行相关会计核算，并担任外协岗位，为三清公司业务提供相关原始凭证。

外协岗位主要包括：

1）供货机构：办理与三清公司及其开户银行有关的一切事项。

2）需求机构：办理与三清公司及其开户银行有关的一切事项。

3）税务机构：办理与三清公司有关的一切税务事项。

4）其他外协单位：办理除上述业务以外的与三清公司及其开户银行有关的一切事项。

（8）实训岗位8：担任薪酬及往来核算一职，同时兼任三清公司人事部薪酬管理、与三清公司发生业务往来的银行等岗位。履行薪酬及往来核算职责，

进行职工薪酬、费用支付结算及缴纳税费、往来款项结算等业务核算。担任银行角色，负责为三清公司的业务提供相关原始凭证，并开账登记三清公司存款和借款的增减变动，月末为三清公司提供银行对账单。

（二）模拟实训基本流程

本实训计划学时为 64 学时，其中会计与财务模拟实训 48 学时，审计模拟实训 16 学时。可根据人才培养方案进行实训内容选择和学时适当调整。要求每位学生在实训过程中认真填写实训日志，并在实训结束时写出实训总结报告。具体进程安排如下。

1. 动员与指导（4 学时）

（1）由实训指导负责人做动员报告，强调有关实训要求。

（2）按实训计划将学生划分为若干实训小组，每组 8 人，按实训岗位设置进行分工，明确每一名学生的实训任务。由小组长建立实训小组 QQ 群，以便实训中相互交流及传递相关凭证。

（3）指导老师组织学生认真学习模拟实训计划方案、实训规章制度和具体要求、实训程序等。

2. 账务系统初始化处理（4 学时）

（1）组织学生学习实训资料，熟悉各岗位的会计核算内容与核算程序。

（2）各组学生由财务经理岗位一职担任实训小组组长，组织本组学生按三清公司财务制度中的相关账户设置要求进行账务系统初始化设置，并录入期初余额数据，完成初始化处理。需要注意的是，为简化核算程序，本实训以三清公司为主体进行会计核算，其中银行机构只需开设三清公司的银行账，需求机构、供货机构和税务机构等外协机构只进行有关原始凭证的填制与传递，不需开设账簿。

（3）按照账务系统的设置和各位学生的岗位分工，由财务经理岗位学生进行系统人员设置和授权处理。

3. 会计实务处理试运行（4 学时）

（1）在老师的指导下，各岗位按实训资料的前三笔业务内容填制或取得并审核原始凭证，填制和审核记账凭证。

（2）对试运行过程中出现的问题进行讨论研究，掌握相关业务的原始凭证填制及取得、传递、核制记账凭证等基本核算程序。

（3）试运行结束，销毁试运行中错误的业务凭证，有关资料均不留存。

4. 基于云会计信息平台的实务操作（28 学时）

（1）各岗位按照业务内容填制并审核原始凭证，签名盖章，按业务流程通过QQ群进行原始凭证的传递。

（2）三清公司各会计核算岗位人员根据审核无误的原始凭证在系统中录入记账凭证，并上传原始凭证。

（3）由公司财务经理进行记账凭证的审核。

（4）根据录入的记录凭证等信息，在会计信息处理系统中自动生成相关账户记录信息。

（5）月末进行结账与对账工作。通过系统将总账及明细账与进销存模块的实物账相核对，将现金日记账与银行对账单相核对。核对无误后进行系统结账。

以上模拟实训过程平均每4学时完成5天的会计实务处理。每5天业务完成后，各模拟实训小组应开一次研讨会，总结前期实训的成绩及存在的问题，对下一步的实训提出改进建议。

5. 编制会计报表（4学时）

从会计信息系统导出资产负债表、利润表、所有者权益变动表、现金流量表，并根据相关账户信息，编制产品成本月报表、销售月报表等。

6. 财务分析（4学时）

（1）根据会计报表资料计算本年度有关财务指标。

（2）编写财务分析报告。要求有经验总结、问题分析、改进措施与建议。

7. 审计（16学时）

各实训小组进行交叉审计。对其他组的会计信息资料按照审计程序进行审计，出具审计报告。

8. 实训总结

各实训小组整理资料并提交，同时各位学生提交实训日志和实训总结报告。实训总结报告应有实训心得体会，并对本实训过程的完善提出建议。

实训任务完成后，各组应提交下列实训资料，指导老师据以评定成绩：

（1）每个实训小组手工填制的原始凭证和记账凭证装订成册。记账凭证每5天业务整理装订成一册。

（2）每个实训小组会计信息处理系统中的总账、明细账等账户信息及报表信息，导出打包成电子文件包。

（3）每个实训小组的报表及财务分析报告装订成册。

（4）若进行了审计模块的实训，每个实训小组提交审计工作底稿及审计报告，并装订成册。

（5）每位学生提交实训日志和实训总结。

（三）模拟实训所需资料、软件及设备

1. 所需实训资料

本模拟实训所需的业务资料及相关会计处理所需的原始凭证样本，见本教材实训手册。在实训中可从实训手册中裁剪填列，也可用电子版填写。填写好的原始凭证作为记账凭证附件，会计信息处理系统中的附件可拍照或扫描成电子版上传。

若需同步进行手工模拟实训的，则需准备空白记账凭证，每本约 50 张，每个实训小组需要约 10 本。另外每个实训小组还需要记账凭证封面、封底、包角纸各 10 套，装订针和装订线等材料若干。

2. 所需实训软件

本实训过程信息化处理，建议采用柠檬云财税软件，该软件可实现电脑版和手机 App 通用，体现云会计信息处理的基本流程。

也可以采用用友会计软件进行信息化处理。

3. 所需设备

本实训所需设备主要为电脑和手机，若需进行手工凭证装订，还需有凭证装订机。需要开通互联网，实现网络平台的信息存储。

若进行手工模拟实训，根据业务量估计，各实训小组所需的主要原始凭证数量及相关材料见表 1-8。

表 1-8 每个实训小组主要原始凭证及相关材料需要量

名称	数量	备注
实训日志	每人 1 本	自制
记账凭证	500 页	直接外购
记账凭证封面、封底、包角纸	10 套	直接外购
限额领料单	20 套	直接外购或自行印制
领料单	30 套	直接外购或自行印制
费用报销单	10 套	直接外购或自行印制
增值税专用发票	150 套	自行印制
增值税普通发票	40 套	自行印制
收款收据	10 套	直接外购或自行印制
现金支票	50 套	自行印制
转账支票	40 套	自行印制
银行汇票申请书	20 套	自行印制
银行汇票	20 套	自行印制

续表

名称	数量	备注
银行进账单	50套	自行印制
信汇凭证	20套	自行印制
托收凭证	20套	自行印制
采购申请单	20套	自行印制
销货清单	60套	直接外购或自行印制
收料单	80套	直接外购或自行印制
商品入库单	20套	直接外购或自行印制
商品出库单	60套	直接外购或自行印制
特种转账贷方凭证	20套	自行印制
特种转账借方凭证	20套	自行印制
复写纸（蓝色）	1盒	外购
复写纸（红色）	5张	外购
别针	1盒	外购
装订针	2根	外购
装订线	1砣	外购
装订机	1台	外购
印章（15个/套）	1套	自制

说明：

（1）以上系根据每一实训小组所需资料数量大概计算而得，在实训中可根据学生实训的具体情况适当调整（若学生在实训中出错较多，所需的实训资料会更多），除此以外所需的其他凭证资料因数量较小，可直接从实训手册中裁剪。

（2）表1-8中的印章具体内容如表1-9所示。

表1-9 模拟实训岗位印章一览表

印章内容	个数	岗位
财务经理章	1	财务经理
三清公司业务专用章	1	业务经理
三清公司财务专用单	1	销售核算员
三清公司发票专用章	1	销售核算员
验讫	2	存货核算；需求机构
货已发	2	存货核算；供货机构
现金付讫	2	出纳；需求机构
现金收讫	2	出纳；供货机构
附件	2	铸造、供气车间成本核算；加工、装配车间成本核算
××银行专用章	1	银行
合计	15	

四、会计信息化处理实训程序

本实训建议采用柠檬云财税软件，可以在电脑及手机 App 同步操作，体现云信息环境的会计处理流程。若有其他类似云会计软件亦可选择。

柠檬云财务软件操作步骤指导如下。

（一）注册登录

1. 新用户注册

操作步骤：登录柠檬云财税软件 www. ningmengyun. com，新用户点击“注册”即可。

2. 用户登录

操作步骤：登录柠檬云财税软件 www. ningmengyun. com，用户点击“登录”（见图 1－12），即可进入柠檬云财税软件主界面（见图 1－13）。

图 1－12　柠檬云登录界面

图 1－13　柠檬云财税软件首页

（二）创建账套

1. 功能入口

功能入口为“设置”—“账套”。

2. 操作步骤

点击主菜单的“设置”—“账套”（见图1-14）。

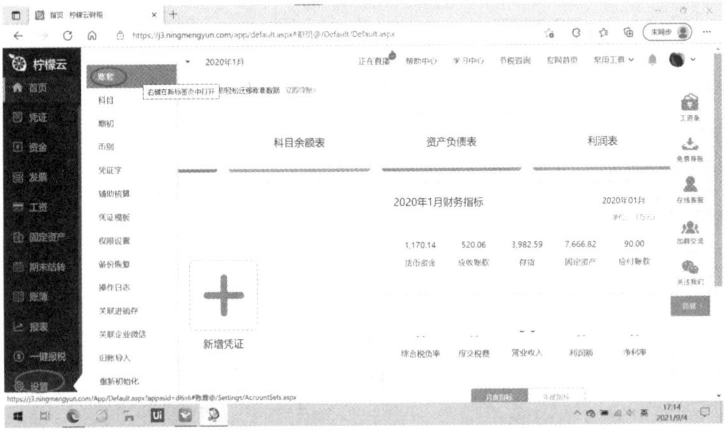

图1-14 新建账套

登录进入主界面后，单击“新建账套”，进入新建账套界面，如图1-15所示。在账套管理窗口，输入单位名称和启用年月。其他选项设置如下：

会计准则：企业会计准则；

行业：生产加工制造；

增值税种类：一般纳税人；

凭证审核：审核；

固定资产、资金管理、进销存三个模块，根据实验课程课时安排：若为24课时或以上，建议启用。

点击“创建账套”按钮保存账套信息。

图1-15 账套管理

3. 温馨提示

（1）柠檬云软件不限账套数量，稍后可在“设置”中创建多个账套，或修改完善账套信息。

（2）创建账套后无法修改会计准则；有凭证、固定资产、资金、工资数据存在或结账期间，无法再修改账套启用年月。

（三）首页功能

1. 功能入口

“首页”功能入口如图 1-16 所示。

图 1-16 主要功能区

2. 功能介绍

（1）主菜单，包括：首页、凭证、资金、发票、工资、固定资产、期末结转、账簿、报表、一键报税和设置。

（2）常用功能，包括查看凭证、科目余额表、资产负债表、利润表。

（3）新增凭证，并显示新增凭证的进度，若当前期间已完成损益凭证，会显示当前凭证已完成；若账套开启的期间有未完成损益凭证的月份，则显示该月份的凭证未完成，可以点击查看详情，进入期末结转模块，自动生成结转凭证。

（4）显示当前期间的财务指标。

（四）科目设置

1. 功能入口

科目设置功能入口为“设置”—“科目”，如图 1-17 所示。

2. 操作步骤

点击主菜单的“设置”—“科目”。

图1-17 科目设置

3. 操作技巧

（1）添加科目：点击科目后面的“新增”，可以添加科目的下级科目；使用企业会计准则的账套，还可以点击“新增科目”添加一级科目（见图1-18、图1-19）。

（2）编辑科目：点击科目后面的“编辑”，可以编辑科目，设置数量核算、辅助核算、外币核算。

（3）快速查找科目：按“Ctrl＋F”键并输入科目编码或者科目名称可以快速查找科目。

（4）导入科目：点击右上角的“导入”功能按钮，下载模板后，可以参照模板的格式维护科目。

图1-18 科目管理

图 1－19　新建科目

4. 注意事项

（1）若用户选择的会计准则是小企业会计准则，那么系统默认的科目是按照 2013 年版《小企业会计准则》设置的，系统默认的科目包含所有必需的一级科目，为了使软件报表取数准确，不允许小企业会计准则的账套增加一级科目，但可以增加二级、三级、四级科目。系统默认已有的科目不允许编辑、删除，而用户手工增加的科目可以修改、删除。

（2）若用户选择的会计准则是企业会计准则，那么系统默认的科目是按照 2007 年版《企业会计准则》设置的，同时，为了能更加灵活地使用科目，系统允许企业会计准则的账套增加一级科目，也可以增加二级、三级、四级科目。系统默认已有的科目不允许编辑、删除，而用户手工增加的科目可以修改、删除。

（3）新增的科目如果已经使用（即有期初数据、已经在凭证上使用、有下级科目），则不允许删除，其他新增的末级科目可以删除。

（4）如果科目设置了数量核算，需要填写计量单位。

（5）如果科目设置了辅助核算，需要设置对应的辅助核算，有以下三种方式：

1）首次对科目设置辅助核算时，可以直接点击“设置辅助核算”，设置对应的辅助核算（见图 1－20）。

图 1－20　设置辅助核算

2）点击主菜单的“设置”—“辅助核算”，设置对应的辅助核算（见图1－21）。

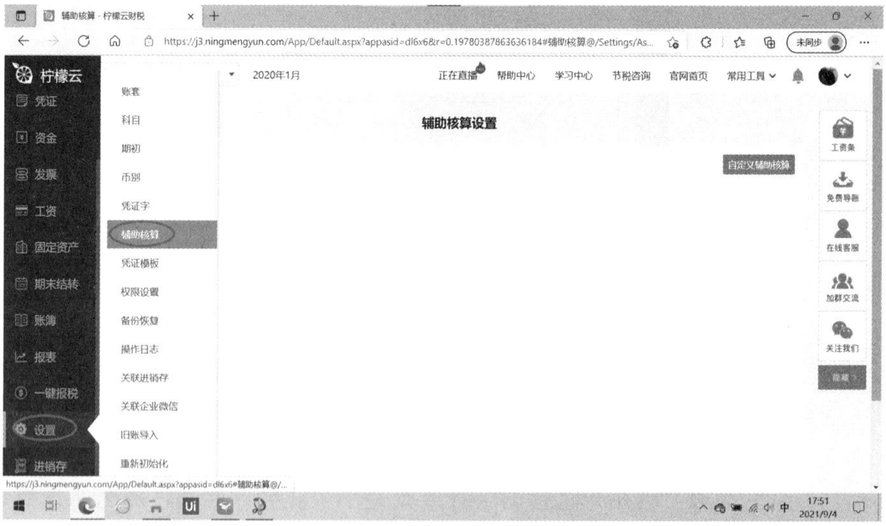

图1－21　辅助核算设置

3）录入凭证时，若输入带有辅助核算项目的科目，将会弹出相应的辅助核算窗口，选择已设置辅助核算的科目，或者点击“添加辅助核算项目”，设置对应的辅助核算（见图1－22）。

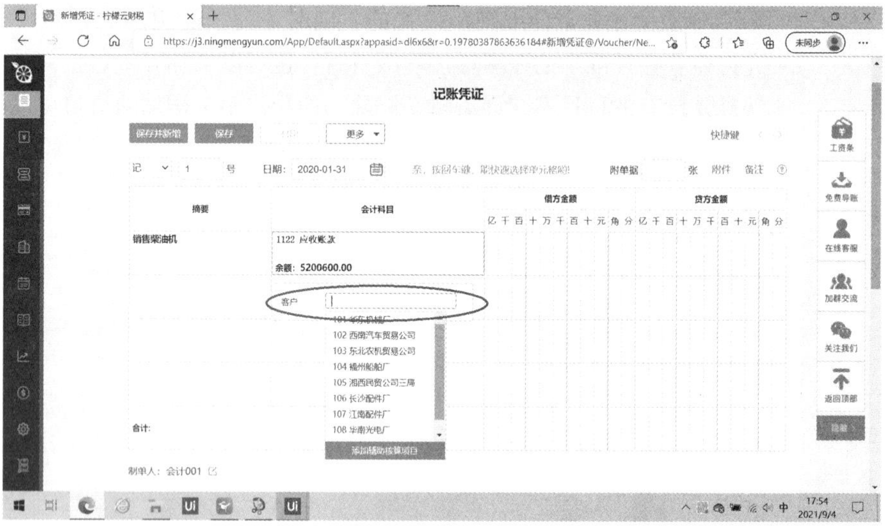

图1－22　记账凭证录入辅助核算

（6）如果科目设置了外币核算，需要选择对应的币别。

1）如果已经设置了相应的币别数据，可以直接选择。

2）如果没有，需要先设置币别。点击主菜单的“设置”—“币别”，录入相应的币别数据（见图1－23）。

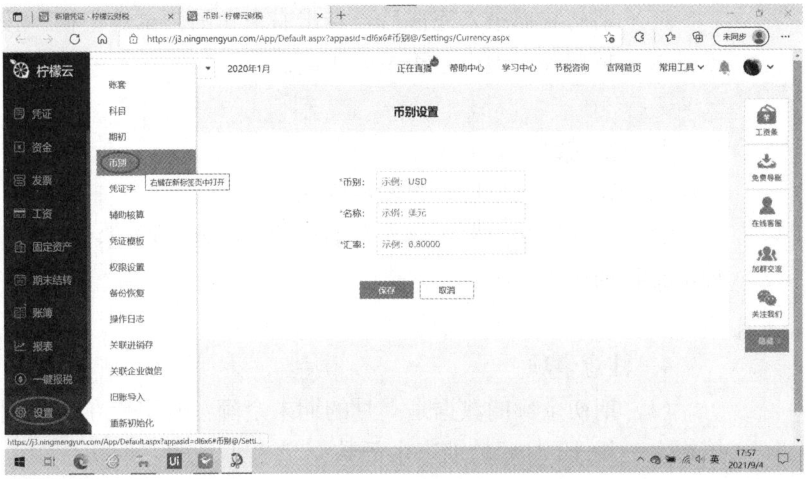

图 1－23 外币设置

（五）期初设置

1. 功能入口

功能入口为“设置”—“期初”（见图 1－24）。

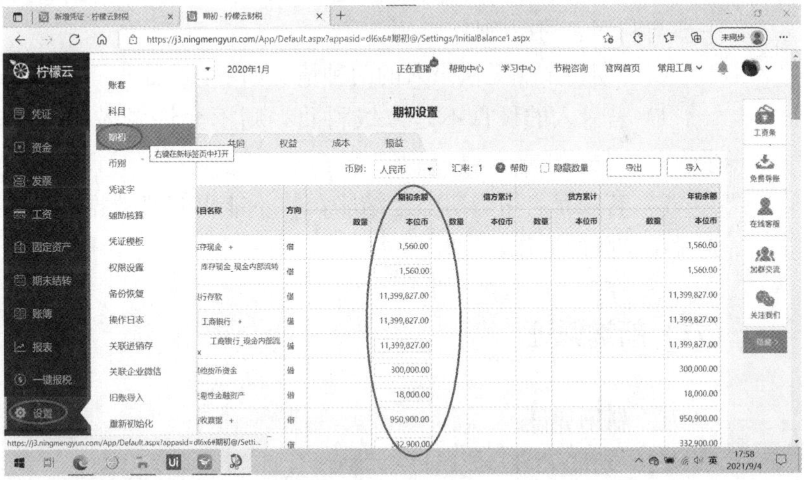

图 1－24 期初设置

2. 操作步骤

（1）点击主菜单的“设置”—“期初”，录入期初数据。

（2）涉及数量核算的科目，需要录入数量和期初数据。

（3）涉及辅助核算的科目，需要先点击该科目的加号，选择对应的辅助核算项目后，才能录入期初数据。

（4）涉及外币核算的科目，需要先筛选对应的币别，才能录入期初数据。

（5）期初数据录入完成后，点击右上角的“试算平衡”按钮，查看期初数据是否借贷相等，检查是否录入正确。

3. 操作技巧

（1）跳出单元格后，数据自动保存。

（2）导入期初数据：点击右上角的“导入”按钮，下载模板后，可以在模板中维护期初数据。

4. 注意事项

（1）期初余额的数据是上月的期末余额：若用户在1月创建账套，那么应该将上一年12月底的期末余额数据录入1月的“期初余额”中；若用户在其他月份创建账套，那么应该根据实际情况录入期初余额、借方累计和贷方累计，系统会根据这三项金额自动计算得出数据。损益类科目的借贷方累计数需要录入，否则利润表的本年累计数会出错，其他科目也需要录入累计数，否则影响资产负债表的年初余额，从而影响资产负债表的准确性。

（2）若要增加明细科目进行数据录入，需要先在“科目”中添加明细科目，才能在“期初”中进行数据录入。

（3）期初余额和借贷方累计发生额的录入准确性关系到期末资产负债表的平衡与利润表的准确性。

（4）期初余额无法录入的两种情况如下：

1）若录入的科目不是末级科目，则不允许录入；只有末级科目才允许录入。

2）若账套启用当期已经结账，将不能再修改数据；若需要修改数据，要先做反结账的操作。

（六）新增凭证

1. 新增凭证

（1）功能入口：“凭证”—“新增凭证”。

（2）操作步骤：点击主菜单的“凭证”—“新增凭证”（见图1-25）。

（3）操作技巧：

1）摘要自动生成功能：当输入完第一行的借方金额时，按回车键，自动生成下一行的摘要信息；为了方便用户，系统预置了一些摘要内容，只要输入摘要的关键字，就可以直接选择相应的摘要。

2）会计科目的输入有三种方法：

- 输入科目名称的关键字；
- 输入科目编码；
- 输入科目的助记码。

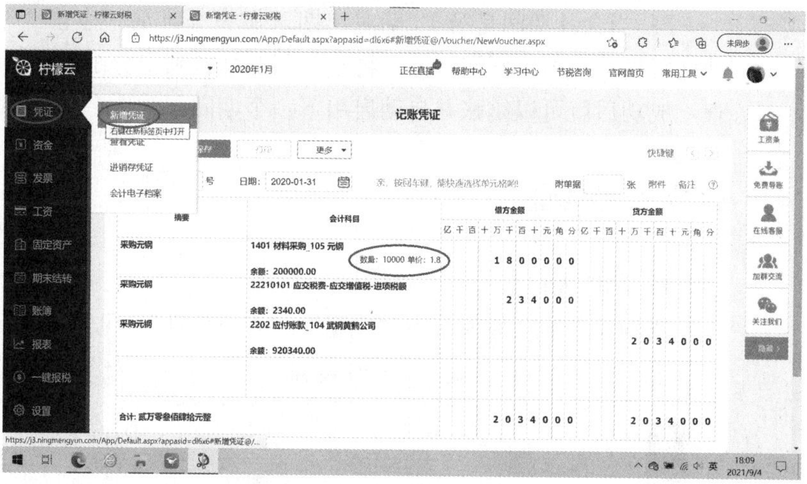

图 1-25 凭证填制

3）快速新增科目功能：点击会计科目的浮动框底的“点击添加”，方便用户在没有录入所需科目的情况下，直接新增所需科目。

4）最常用快捷键：

● 回车键，可直接移到下一个目标单元格，换行按回车键可自动生成下一行的摘要信息，同时可实现自动生成本行找平金额的功能。

● F12 键，可直接保存并新增凭证。

5）金额的自动找平功能：同摘要类似，第一行信息输入完毕，按回车键，在自动生成摘要的同时也自动生成了金额，或者点击需要生成金额的单元格，按快捷键“＝”，也可以自动找平。

（4）注意事项：

1）凭证号，由系统自动生成，并根据新增凭证依次递增。

2）凭证日期，由系统自动生成，默认日期为系统最新启用账期的期末日期。

3）如需插入凭证，可以点击“插入”，录入分录后保存凭证即可。

2. 期末凭证

（1）功能入口：期末结转。

（2）操作步骤：

1）点击主菜单的“期末结转”。

2）进入后可以看到期末凭证的模板界面，用户可以根据实际情况有选择地生成期末凭证。如果已经生成期末凭证，可以直接点击“查看凭证”查看凭证是否准确。

（3）注意事项：

1）当会计期间是第 1～11 期时，期末做完凭证后，点击“下一步”，系统自动结转损益至本年利润，然后就可以进行结账检查，成功后就可以结账并自动启用下一个期间。

2）当会计期间是第12期时，期末做完凭证后，点击“下一步”，系统自动结转损益至本年利润，并且将本年利润结转到未分配利润，然后进行结账检查，成功后就可以结账并自动启用下一个期间。

（七）查看凭证

1. 功能入口

查看凭证的功能入口为“凭证”—“查看凭证”（见图1-26）。

图1-26 查看凭证

2. 操作步骤

（1）点击主菜单的“凭证”—“查看凭证”。

（2）进入查看凭证的界面后，可以通过选择会计期间、摘要的关键字、科目、金额、凭证号筛选凭证。

（3）鼠标移动到凭证上会出现“修改”“复制”“删除”“插入”“打印”的功能按钮，点击对应的按钮即可执行相应的操作。

3. 操作技巧

（1）点击右上角的“打印”可以选择打印当前期间的所有凭证记录或者选中的所有凭证记录，还可以选择打印制单人姓名和审核人姓名（见图1-27）。

（2）当删除当前期间的一张或几张凭证时，查看凭证的界面会出现断号的情况，屏幕右下角会出现提示：“亲，您选择的期间凭证有断号！”点击右上角的“整理断号”即可重新编号。

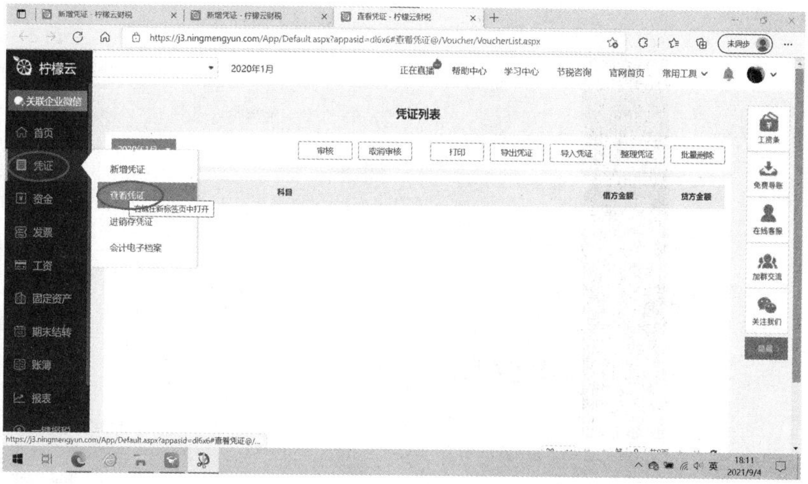

图 1-27 打印及整理凭证

4. 注意事项

（1）已经结账的期间不允许修改或删除凭证的操作，若需要修改数据，要先做反结账的操作。

（2）已经审核的凭证不允许修改或删除凭证的操作，若需要修改数据，要先做取消审核的操作。

（3）如果启用了固定资产模块，并且产生了固定资产记录，系统会自动生成对应的固定资产凭证，凭证中相应的固定资产科目不允许直接修改，若需要修改数据，要先修改固定资产信息的数据。

（4）如果启用了固定资产模块，进行固定资产结账时，系统会自动生成计提折旧的结账凭证，此类型的凭证不允许直接修改，若需要修改数据，要先修改固定资产信息的数据。

（八）资金管理模块

1. 设置账户

（1）功能入口：资金管理（见图 1-28）。

（2）操作步骤：

1）点击主菜单的“资金”—“账户设置”，进入“账户设置”界面。

2）点击右上角的“新增”功能按钮，即可新增账户。

3）点击对应账户的“编辑”功能按钮，即可编辑账户、设置对应的会计科目。

2. 设置收支类别

（1）功能入口：“资金”—“收支类别”（见图 1-29）。

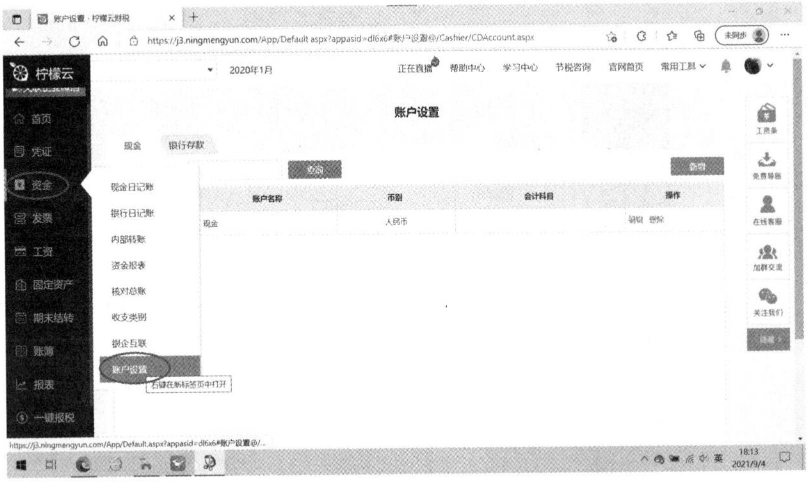

图1-28 资金管理模块

图1-29 设置收支类别

（2）操作步骤：

1）点击主菜单的“资金”—“收支类别”，进入“收支类别”界面。

2）点击“新增”功能按钮，即可新增收支类别。

3）点击“编辑”“删除”功能按钮即可编辑、删除对应的收支类别。

3. 录入现金、银行日记账

（1）功能入口：“资金”—“现金日记账（银行日记账）”（见图1-30）。

（2）操作步骤：

1）点击主菜单的“资金”—“现金日记账（银行日记账）”，进入“现金日记账（银行日记账）”窗口。

2）录入现金日记账（银行日记账），按回车键，即可自动保存。

3）点击右上角“打印”“导出”“导入”“批量删除”“生成凭证”功能按

图 1－30 现金日记账（银行日记账）

钮，即可执行相应的操作。

4）点击“插入”“删除”功能按钮，即可执行相应的操作。

5）生成凭证设置的步骤如下：

①点击“生成凭证设置”，进入收入/支出模板，显示系统预设的凭证模板。

②点击“修改”“删除”按钮，即可修改、删除模板。

③点击右上角的“新建”功能按钮，即可新增收入/支出模板。

④生成凭证：勾选对应的日记账记录，点击“生成凭证”按钮，可以生成凭证，鼠标移动到凭证处，点击“修改”“删除”按钮即可修改、删除凭证，点击“保存”按钮即可保存凭证，点击“取消”按钮可取消生成凭证。

点击“合并生成凭证”按钮，可合并相同的收支科目或相同的对方科目。

生成凭证后，点击关联凭证中的凭证号即可查看生成的凭证。

（3）操作技巧：

1）点击左上角的账户筛选框，即可切换账户。

2）点击左上角的日期筛选框，即可执行条件查询。

3）勾选“显示所有信息”，即可显示日记账中所有信息。

（4）注意事项：

1）生成凭证后，如需修改、删除日记账的原始数据，需要先删除已生成的相应凭证。

2）如果银行存款和现金科目设置了辅助核算，则不支持生成凭证。

4. 录入内部转账

（1）功能入口：“资金”—“内部转账”（见图 1－31）。

（2）操作步骤：

1）点击主菜单的“资金”—“内部转账”，进入“内部转账”窗口。

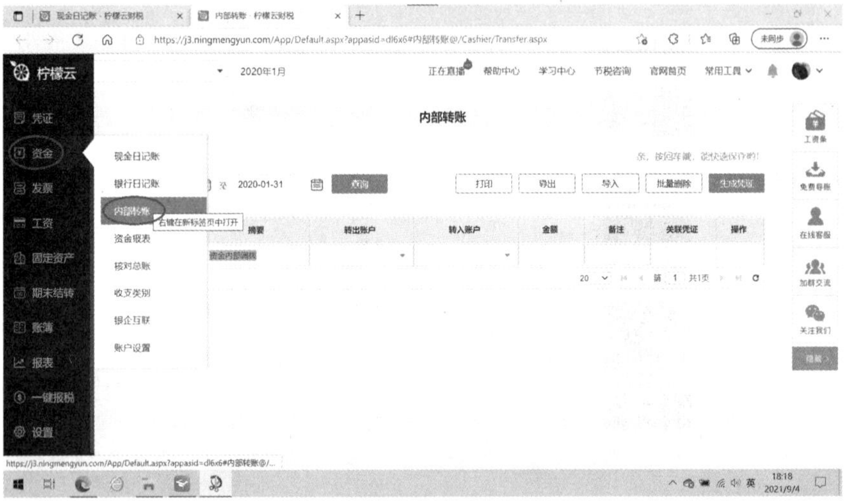

图 1-31　内部转账

2）录入内部转账信息，按回车键，即可自动保存。

3）点击右上角的“打印”“导出”“导入”“批量删除”“生成凭证”功能按钮，即可执行相应的操作。

4）点击“删除”功能按钮可删除对应的内部转账记录。

5）点击关联凭证中的凭证号可查看对应的凭证。

（3）操作技巧：点击左上角的日期筛选框，即可执行条件查询。

（4）注意事项：生成凭证后，如需修改、删除内部转账的原始数据，需要先删除已生成的相应凭证。

5. 查看资金报表

（1）功能入口：“资金”—“资金报表”（见图 1-32）。

图 1-32　查看资金报表

（2）操作步骤：

1）点击主菜单的“资金”—“资金报表”，进入“资金报表”窗口；

2）点击选择“按账户汇总/按收支类别汇总”，可查看对应的资金报表情况；点击右上角的“打印”“导出”可进行对应的操作。

（3）操作技巧：

1）点击显示当前日期的筛选框，即可执行条件查询。

2）点击账户名称中的账户，即可跳转查看对应账户的日记账记录。

6. 核对总账

（1）功能入口：“资金”—“核对总账”。

（2）操作步骤：

1）点击主菜单的“资金”—“核对总账”，进入“核对总账”页面，即可查看出纳账户与总账科目的核对情况。

2）点击右上角的“打印”“导出”按钮即可执行对应的操作。

3）如果需要筛选期间，点击左上角显示当期会计期间的筛选框，即可执行条件查询。

（3）注意事项：显示不平的原因是出纳账户与其关联的会计科目数据不相等，对比差额修改即可。

（九）发票模块

1. 销项发票

（1）功能入口：“发票”—“销项发票”（见图 1－33）。

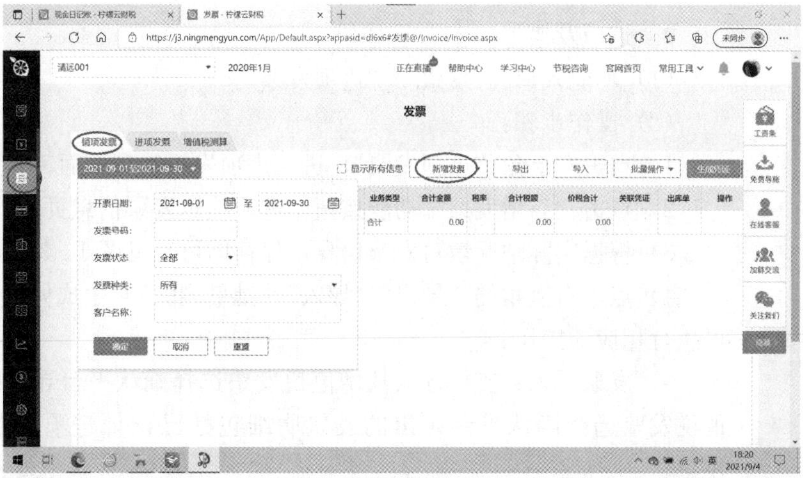

图 1－33 发票管理

（2）操作步骤：

1）点击主菜单中“发票”模块，进入销项发票管理页面。

2）点击“新增发票”功能按钮，选择发票类型，系统支持新增“未开具发票”“增值税普通发票”“增值税专用发票”“税控机动车专用发票”“纳税检查调整”五种发票类型。

3）根据实际情况填写发票信息，保存即可（见图1-34）。

图1-34 录入销项发票

4）点击右上角的“导出”“导入”“批量删除”“生成凭证”功能按钮，即可执行相应的操作。

5）发票导入：支持导入从航信导出的Excel格式发票明细以及从百旺导出的XML格式发票明细。

2. 进项发票

（1）功能入口：“发票”—“进项发票”。

（2）操作步骤：

1）点击左上角“进项发票”，进入进项发票管理页面。

2）点击“新增发票”功能按钮，进入编辑发票信息页面。

3）根据实际情况填写发票信息，保存即可（见图1-35）。

4）点击右上角的“导出”“导入”“批量删除”“生成凭证”功能按钮，即可执行相应的操作。

5）发票导入：支持导入从增值税发票选择确认平台导出的发票明细。增值税发票选择确认平台导出的发票明细包括已认证进项发票和未认证进项发票。

3. 发票生成凭证

（1）功能入口：“发票”—“生成凭证”。

图 1-35 录入进项发票

(2) 操作步骤:

1) 生成凭证设置。

①在发票编辑页面点击“设置模板”，进入发票模板，显示系统预设的凭证模板。

②点击“修改”“删除”按钮，即可修改、删除模板。

③点击右上角的“新建”按钮，即可新增销售/采购模板。

2) 生成凭证。

①勾选对应的发票记录，点击“生成凭证”按钮，可以生成凭证，鼠标移动到凭证处，点击“修改”“删除”按钮即可修改、删除凭证，点击“保存”按钮即可保存凭证，点击“取消”按钮可取消生成凭证。

②点击“合并生成凭证”按钮，可合并相同的科目。

③生成凭证后，点击关联凭证中的凭证号可查看生成的凭证。

4. 操作技巧

(1) 点击左上角的日期筛选框，即可执行条件查询。

(2) 勾选“显示所有信息”，即可显示发票中的所有信息。

5. 注意事项

(1) 生成凭证后，发票只允许查看。

(2) 如需修改、删除发票的原始数据，需要先删除已生成的相应凭证。

6. 增值税测算

(1) 功能入口:“发票”—“增值税测算”。

(2) 操作步骤:

当账套选择的增值税种类是一般纳税人时，才会显示“增值税测算”

功能。

1）点击左上角“增值税测算”，进入增值税测算页面。

2）测算筛选期间的发票状况，这段时间内的销项发票减去已认证的进项发票等于预计应交增值税。

（十）工资模块

1. 五险一金设置

（1）功能入口：“工资”—“五险一金设置”（见图1-36）。

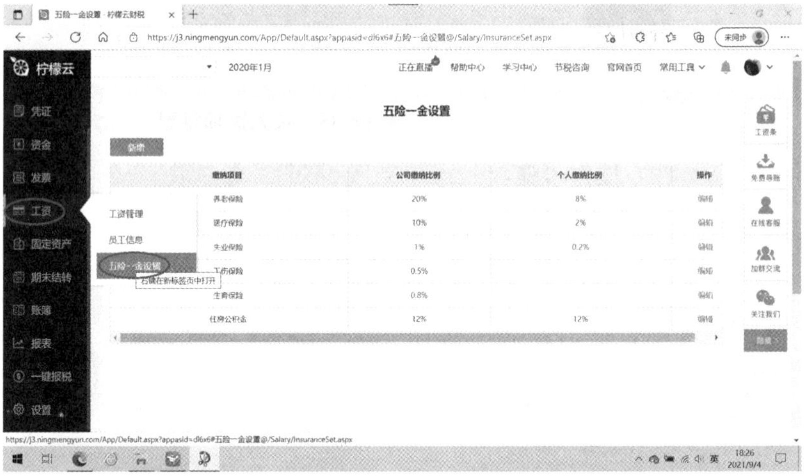

图1-36 设置五险一金

（2）操作步骤：

1）点击主菜单中“工资”模块的“五险一金设置”，进入“五险一金设置”页面。

2）点击“编辑”功能按钮，可编辑缴纳项目的公司扣缴比例和个人扣缴比例，编辑完成后点击“保存”功能按钮即可保存数据。

2. 新增员工信息

（1）功能入口：“工资”—“员工信息”（见图1-37）。

（2）操作步骤：

1）点击主菜单中“工资”模块的“员工信息”，进入“员工信息”界面。

2）点击右上角的“增加员工”“导入”“导出”功能按钮，即可执行相应的操作。

3）点击“编辑”“删除”功能按钮可编辑、删除对应的员工信息。

（3）操作技巧：

1）点击显示所有员工的筛选框，即可执行条件查询。

2）勾选“显示所有信息”，即可显示员工所有的信息。

图 1-37 增加员工信息

3. 工资管理

（1）功能入口：“工资”—“工资管理”（见图 1-38）。

图 1-38 工资管理

（2）操作步骤：

1）点击主菜单的“工资”—“工资管理”，进入“工资列表”页面。

2）点击“导入”功能按钮，下载模板填写好工资信息后，导入即可。

3）勾选“工资管理”的“编辑工资明细”，即可编辑工资。

4）勾选相应的工资信息，点击“删除工资”功能按钮可删除工资信息。

5）点击“计提工资”“发放工资”，进入“生成凭证”页面，会自动根据本期工资表的数据，显示对应的凭证模板，用户可以根据实际情况有选择地生成凭证。如果已经生成凭证，直接点击“查看凭证”查看凭证是否准确。

（3）操作技巧：

1）点击左上角的月份，即可执行条件查询，查看对应月份的工资表。

2）点击“自定义工资项目”，即可针对工资表进行定制。

3）点击“一键生成本期工资表”，即可根据上期工资表自动生成本期工资表的数据。

（十一）固定资产

1. 固定资产初始化

（1）功能入口：“固定资产”—“固定资产管理”—“固定资产初始化”（见图1-39）。

图1-39 固定资产初始化

（2）操作步骤：

1）点击主菜单的“固定资产”—“固定资产管理”，进入“固定资产初始化”界面，点击右上角的“增加资产”功能按钮，增加初始固定资产明细；也可以点击右上角的“导入”功能按钮，下载模板后参照模板的格式，维护固定资产初始化数据。

2）启用固定资产模块后，如果固定资产有期初数据，在未录入对应的固定资产数据前，系统会自动进入“固定资产初始化”页面，并且显示“不平”标识，用户需要在该页面录入固定资产启用期间对应的“固定资产”明细科目的期初余额和“累计折旧”明细科目的期初余额。固定资产初始化数据录入完成后，下次点击“固定资产管理”，系统会自动跳转到固定资产列表页面，并且在“固定资产初始化”页面上不再显示“不平”的标识。

2. 新增固定资产

（1）功能入口：“固定资产”—“固定资产管理”—“固定资产列表”（见图1-40）。

图 1-40 固定资产增加、减少

（2）操作步骤：

1）点击主菜单的“固定资产”—“固定资产管理”，进入“固定资产列表”界面，点击右上角出现的“增加资产”“删除资产”“导出”“打印”的功能按钮，即可执行相应的操作。

2）启用固定资产模块后，如果需要增加固定资产明细，点击右上角的“增加资产”即可进入“新增固定资产”界面，根据实际情况维护资产信息，保存后可以点击“查看”“编辑”功能按钮，执行相应的操作。新增的固定资产需要在“固定资产变更记录”勾选对应的项目生成固定资产凭证，完成所有本期的固定资产凭证后，才能进行结账操作。

3）本期新增的资产在固定资产结账后，会出现“变更”“处置”“查看”“编辑”功能按钮，点击对应的按钮即可执行相应的操作。

（3）操作技巧：

1）点击左上角显示当期会计期间的筛选框，即可执行条件查询。

2）勾选左上角的小框，即可执行全选的功能。

（4）注意事项：

1）本期新增的资产允许在未进行本期固定资产结账前删除和编辑相应的固定资产数据，但不允许执行变更或处置资产的操作，只有在本期的固定资产结账后才能执行变更或处置资产的操作。

2）每月折旧额＝[资产原值×(1－残值率)－累计折旧－固定资产减值准备]/(预计使用月份－已折旧月份)。

3）本期处置的资产，本期继续计提折旧，下期开始不再计提。

3. 固定资产变更记录（查看记录和生成凭证）

（1）功能入口：“固定资产”—“固定资产管理”—“变更记录及生成凭证”。

（2）操作步骤：资产新增、资产变更（原值调整和累计折旧调整）、资产处置都会产生固定资产记录，点击主菜单的“固定资产”—“固定资产管理”，进入“变更记录及生成凭证”界面，勾选对应的项目，点击右上角的“生成凭证”，系统会自动生成固定资产凭证，完成本期所有的固定资产凭证后，才能进行结账操作。

（3）操作技巧：

1）点击左上角显示当期会计期间的筛选框，即可执行条件查询。

2）勾选左上角的小框，即可执行全选的功能。

（4）注意事项：

1）如果需要删除本期新增的资产，需要在“固定资产列表”界面点击右上角的“删除资产”执行删除操作，不允许在“固定资产变更记录”界面直接删除。

2）本期增加的资产变更（原值调整和累计折旧调整）、资产处置的固定资产记录，在未生成固定资产凭证前，允许在“固定资产变更记录”界面直接删除，如果生成了固定资产凭证，在凭证列表上删除对应的固定资产凭证后，才能删除相应的固定资产记录。

4. 计提折旧与结账

（1）功能入口：“固定资产”—“固定资产管理”—“计提折旧与结账”。

（2）操作步骤：点击主菜单的“固定资产”—“固定资产管理”，进入“计提折旧与结账”界面。如果本期固定资产模块无须计算折旧，则无须生成折旧凭证，点击“结账”功能按钮，即可结账；如果本期固定资产模块需要计算折旧，点击“结账”功能按钮，系统会自动生成折旧凭证并且结账。

（3）注意事项：如果本期的固定资产模块需要反结账，那么本期的总账不能结账，并且从下期开始不能有任何固定资产记录。如果已有固定资产记录或者已经生成凭证，必须先手工删除，才能进行反结账。反结账后，系统会自动删除折旧凭证和折旧明细，恢复到结账前的状态。

5. 折旧明细表

（1）功能入口：“固定资产”—“折旧明细表”（见图1-41）。

（2）操作步骤：点击主菜单的“固定资产”—“折旧明细表”，进入“固定资产折旧明细表”界面，筛选对应的会计期间、类别、编号、部门，即可查询到相应的折旧明细数据。

（3）注意事项：本期的固定资产模块需要先结账，系统才会产生当期的折旧明细表。

6. 固定资产汇总

（1）功能入口：“固定资产”—“固定资产汇总”。

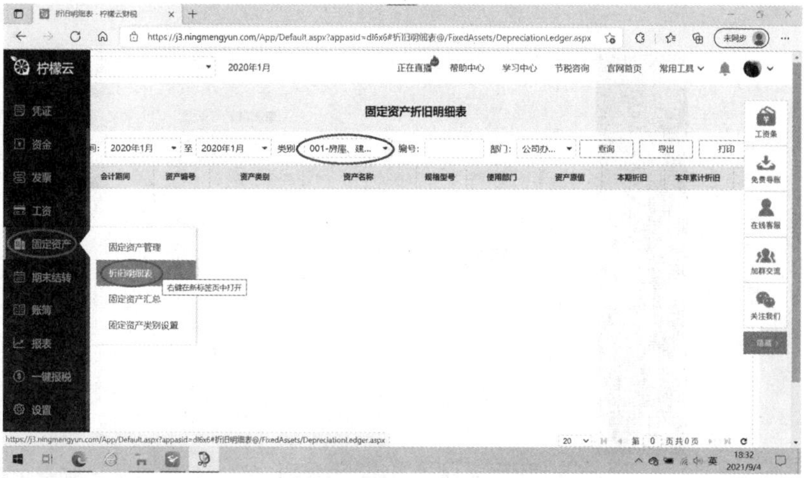

图 1-41 折旧明细表

（2）操作步骤：

1）点击主菜单的“固定资产”—“固定资产汇总”。

2）用户可以根据实际需要，选择查看“按使用部门汇总的固定资产”或者“按资产类别汇总的固定资产”，筛选对应的会计期间，查询相应的固定资产汇总数据。

7. 固定资产类别设置

（1）功能入口：“固定资产”—“固定资产类别设置”。

（2）操作步骤：

1）点击主菜单的“固定资产”—“固定资产类别设置”。

2）用户可以根据实际需要，自定义新增、编辑和删除系统默认的固定资产类别设置数据。

（十二）期末结转

1. 功能入口

其功能入口为“期末结转”（见图 1-42）。

2. 操作步骤

（1）点击主菜单的“期末结转”。

（2）可以看到期末凭证的模板界面，用户可以根据实际情况有选择地生成期末凭证，如果已经生成期末凭证，可以直接点击“检查凭证”查看凭证是否准确。

（3）当会计期间是第 1～11 期时，期末做完凭证后，点击“下一步”，系统能自动结转损益至“本年利润”，然后可以进行结账检查，成功后就可以结

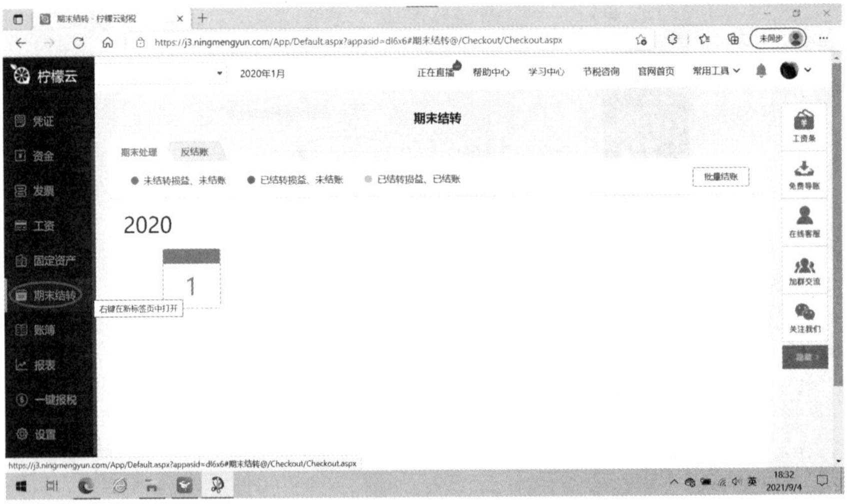

图1-42　期末结转

账并自动启用下一个期间；当会计期间是第12期时，期末做完凭证后，点击“下一步”，系统能自动结转损益至“本年利润”，并且能将“本年利润”结转到“未分配利润”，然后进行结账检查，成功后就可以结账并自动启用下一个期间。

3. 操作技巧

（1）期末结转的会计期间显示的颜色不同，代表的期间状态不同：绿色代表已启用账期；蓝色代表已结转损益；灰色代表已结账。

（2）反结账时，可以点击需要反结账的账期中最前面的会计期间，即可一次反结账多个会计期间。

4. 注意事项

（1）已经结账的期间不允许进行修改或删除凭证的操作，若需要修改数据，要先做反结账的操作。

（2）如果上期会计期间还没有结账，系统不允许对本期进行结账操作。

（3）如果上期会计期间还没有结转损益，系统不允许进入期末结转进行任何操作。

（十三）查看账簿

1. 功能入口

其功能入口为“账簿”—“明细账、总账、科目余额表、科目汇总表、序时账、核算项目明细账、核算项目余额表、多栏账”（见图1-43）。

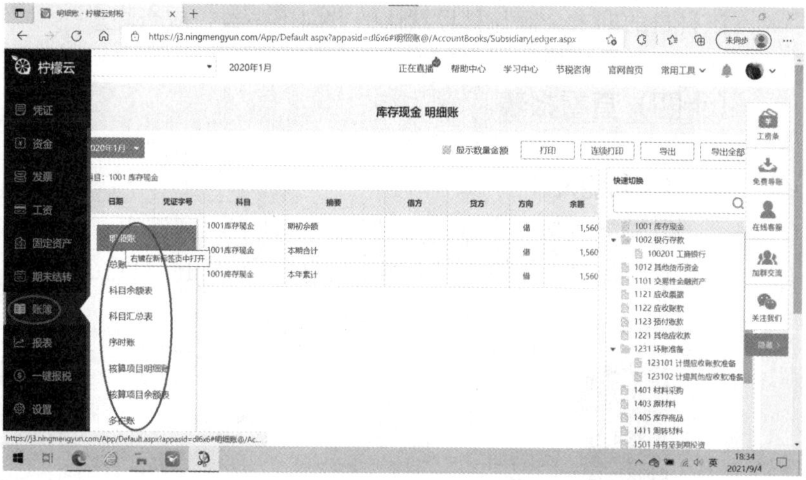

图 1-43 账簿查看

2. 操作步骤

点击主菜单的“账簿”，根据实际需要，有选择地查看“明细账”“总账”“科目余额表”“科目汇总表”“序时账”“核算项目明细账”“核算项目余额表”“多栏账”。

3. 操作技巧

(1) 点击左上角显示当期会计期间的筛选框，即可执行条件查询。

(2) 在“明细账”中点击相应的科目名称，可以快速切换科目的明细账，点击“凭证号”即可跳转到对应的凭证，对凭证进行修改、保存的操作。在“明细账”中点击右上角的“打印”功能按钮，可以打印当前查看科目的明细账；点击右上角的“连续打印”功能按钮，可以打印所有科目的明细账。

(3) 在“总账”中点击相应的科目名称，会跳转到对应的明细账。

(4) 在“科目余额表”“科目汇总表”中点击相应的科目名称，会跳转到对应的明细账。

(5) 在“序时账”中点击凭证字号，可以跳转到对应的凭证。

(6) 在“核算项目明细账”中点击相应的辅助核算项目名称，可以快速切换辅助核算项目的明细账，点击相应的凭证字号，可以跳转到对应的凭证。

(7) 在“核算项目余额表”中点击相应的辅助核算项目名称，可以查看对应的核算项目明细账。

(8) 在“多栏账”中点击凭证字号，可以跳转到对应的凭证。

4. 注意事项

(1) 期初余额、本期发生额、本年累计、期末余额都为 0 的科目在账簿不显示。

(2) “科目余额表”的期末余额一列中显示红色底色的数据是提醒用户：

该科目的期末余额与科目默认的方向不一致，应当注意。

（十四）查看报表

1. 功能入口

其功能入口为“报表”—“资产负债表、利润表、利润表季报、现金流量表、现金流量表季报、财务概要信息”（见图 1－44）。

图 1－44 报表查询

2. 操作步骤

点击主菜单的“报表”，根据实际需要，有选择地查看“资产负债表”“利润表”“利润表季报”“现金流量表”“现金流量表季报”“财务概要信息”。

3. 操作技巧

（1）点击左上角显示当期会计期间的筛选框，即可选择会计期间查询。

（2）在“资产负债表”中，允许自定义报表公式。当鼠标滑过表中项目时，会出现“编辑公式”，点击即可编辑表中公式。只要更改了系统默认的报表公式，右上角就会出现“重置公式”的功能按钮，以便重新恢复系统默认的报表公式。在“资产负债表”中，鼠标滑过表中项目对应的金额列时，会出现⊖图标，点击该图标，可以查看表中公式。

（3）在“利润表”中，允许自定义报表公式。当鼠标滑过表中项目时，会出现“编辑公式”，点击即可编辑表中公式。只要更改了系统默认的报表公式，右上角就会出现“重置公式”的功能按钮，以便重新恢复系统默认的报表公式。在“利润表”中，鼠标滑过表中项目对应的金额列时，会出现⊖图标，点击该图标，可以查看表中公式。

（4）在“利润表季报”中，不允许自定义报表公式。鼠标滑过表中项目对应的金额列时，会出现⊜图标，点击该图标，可以查看表中公式。

（5）在“现金流量表”中，点击右上角的“报表底稿”，即可进入“现金流量表报表底稿”，调整现金流量表相应项目的数据，点击“现金流量表报表底稿”右上角的“重置”功能按钮，可以重新恢复系统默认的数据。鼠标滑过表中项目对应的金额列时，会出现⊜图标，点击该图标，可以查看表中公式。

（6）在“现金流量表季报”中，鼠标滑过表中项目对应的金额列时，会出现⊜图标，点击该图标，可以查看表中公式。

4. 注意事项

（1）报表中显示的红色数据是提醒用户：该项目数据是负数，应当注意。

（2）“资产负债表”不平衡，报表会提示“不平”标识，报表上方会提示用户检查本期是否结转损益。“资产负债表”不平衡的原因如下：

1）期初余额试算不平衡。

2）本期未结转损益。

3）本期结转损益后又新增凭证，导致损益类科目余额未结平。

“资产负债表”是自动勾选“开启重分类”，系统默认根据重分类的规则取数：

①应收账款项目＝应收账款明细科目借方余额＋预收账款明细科目借方余额－计提的相应的坏账准备明细科目余额（小企业会计准则不需要计提坏账准备）；

②预收款项项目＝应收账款明细科目贷方余额＋预收账款明细科目贷方余额；

③应付账款项目＝应付账款明细科目贷方余额＋预付账款明细科目贷方余额；

④预付款项项目＝应付账款明细科目借方余额＋预付账款明细科目借方余额；

⑤其他应收款项目＝其他应收款明细科目借方余额＋其他应付款明细科目借方余额－计提的相应的坏账准备明细科目余额（小企业会计准则不需要计提坏账准备）；

⑥其他应付款项目＝其他应付款明细科目贷方余额＋其他应收款明细科目贷方余额。

如果想查看重分类前的数据，需要先取消勾选“开启重分类”，资产负债表才能自动调整为非重分类。

（3）“利润表”会被期初录入的“借方累计”和“贷方累计”数据影响。维护期初数据时，需要录入“期初余额”“借方累计”“贷方累计”数据，如果没有录入“借方累计”和“贷方累计”数据，将会影响期末报表的数据准确性，所以用户需要特别注意损益类科目的期初数据。

（十五）一键报税

1. 完善税务信息

（1）功能入口：“一键报税”—“税务信息”（见图1-45）。

图 1-45　完善税务信息

（2）操作步骤：点击主菜单中“一键报税”模块的“税务信息”，进入“税务信息”页面，完善税务信息，确定企业的纳税申报基础信息，包括纳税人名称、纳税人识别号、纳税人密码、报税地区和行业。

2. 税务申报

（1）功能入口：“一键报税”—“税务申报”（见图 1-46）。

图 1-46　税务申报

（2）操作步骤：

1）点击主菜单中“一键报税”模块的“税务申报”，进入“税务申报”页面。

2）申报内容包括财务报表申报、增值税申报、消费税申报、附加税申报、企业所得税预缴申报、印花税申报、房产税申报、工会经费申报等。

3. 查看纳税统计表

（1）功能入口："一键报税"—"纳税统计表"。

（2）操作步骤：

1）点击主菜单中"一键报税"模块的"纳税统计表"，进入"纳税统计表"页面，可以快速查看企业的税务情况。

2）如果需要筛选期间，点击左上角显示当期会计期间的筛选框，即可执行条件查询。

3）点击右上角的"导出""打印"功能按钮，即可执行相应操作。

（十六）凭证模板

1. 功能入口

其功能入口为"设置"—"凭证模板"（见图 1－47）。

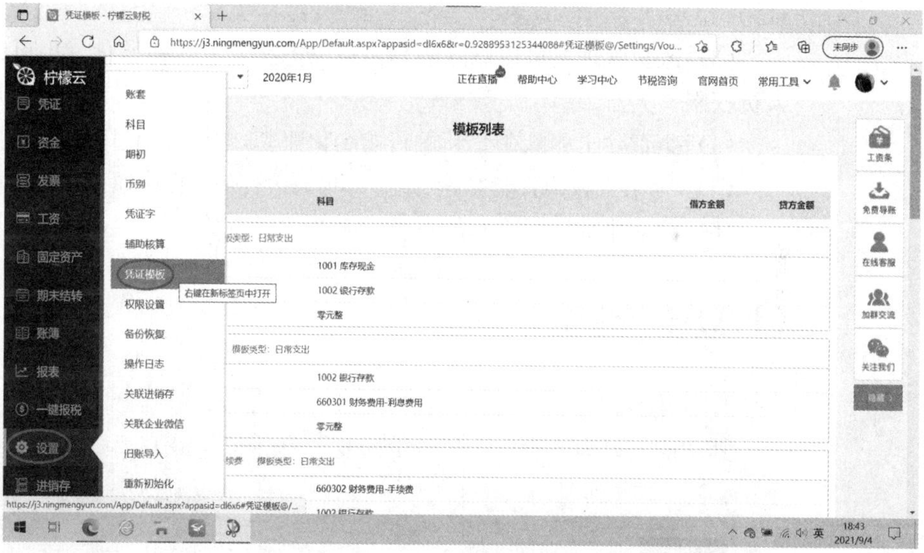

图 1－47 凭证模板设置

2. 操作步骤

点击主菜单的"设置"—"凭证模板"，进入"模板列表"即可查看系统默认的凭证模板，用户可以自定义新建、修改和删除凭证模板。

3. 操作技巧

新增凭证时，可以点击左上角的"更多"功能按钮，将当前显示的凭证"保存成模板"，还可以"从模板中加载"凭证，继续编辑并保存。

（十七）权限设置

1. 功能入口

其功能入口为“设置”—“权限设置”。

2. 操作步骤

点击主菜单的“设置”—“权限设置”，进入界面即可查看当前账套所有用户的权限，用户可以自定义新增成员、编辑、删除账套权限和移交账套。

3. 注意事项

（1）如果系统检查到需要赋权的用户手机号已注册，系统会自动赋予该用户相应的权限。

（2）如果系统检查到需要赋权的用户手机号尚未注册，系统会自动为该手机号创建账号，赋予该账号相应的权限，并发短信给该手机号告知该账号的登录密码。

（3）账套管理员可以删除账套，可以把账套重新初始化，也可以授予其他人员权限。

（4）主管除了删除账套和重新初始化账套，其他的权限都有。

（5）“查看”权限只能查看账套，不能修改任何数据，如录入凭证或修改凭证。

（6）移交账套后，将不能查看该账套的所有信息。

（十八）备份恢复

1. 功能入口

其功能入口为“设置”—“备份恢复”（见图1-48）。

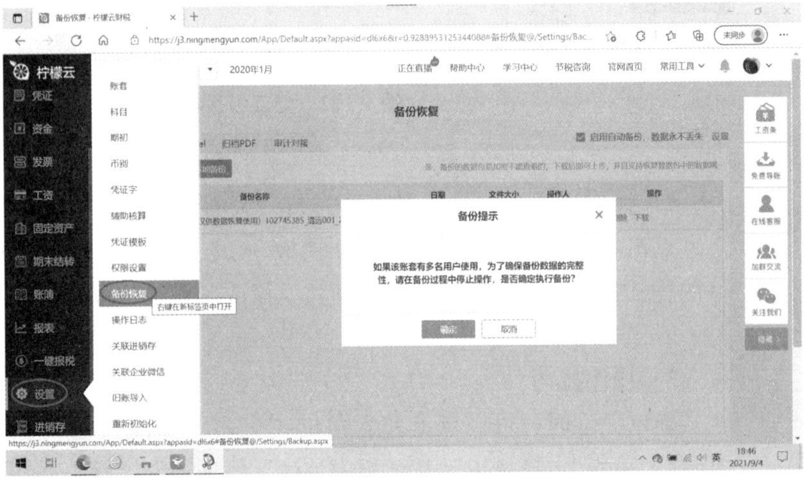

图1-48 备份恢复

2. 操作步骤

（1）点击主菜单的“设置”—“备份恢复”。

（2）系统有两种备份形式，可以根据需要选择备份形式。

1）备份数据包：下载经过加密的数据包，任何人均无法查看数据内容，该数据包仅用于上传至柠檬云财税网站恢复数据。备份之后，点击下载，可以把数据包下载到本地保存。点击“上传本地备份”，可以把之前保存的数据包上传到系统，进行恢复。

2）备份 Excel：适用于分析数据，可下载至电脑查看，但是不能用来上传 Excel 恢复账户数据。选择“备份 Excel”，点击“开始 Excel 备份”，再点击“下载”，即可将账户里的数据以 Excel 格式下载至自己的电脑上。

（3）自动备份：勾选右上角的“启用自动备份”后，点击右边的“设置”按钮，可以设置每月的自动备份日期和备份转发邮箱，输入激活码激活后，系统每月会在所设置备份日期当天 24 时前自动完成备份，并将备份数据发送到备份转发邮箱。

（十九）操作日志

1. 功能入口

其功能入口为“设置”—“操作日志”（见图 1－49）。

图 1－49 操作日志查询

2. 操作步骤

点击主菜单的“设置”—“操作日志”，进入界面即可查看当前登录账号操作账套的历史记录。

（二十）关联进销存

通过柠檬云进销存+财务软件协同办公，实现系统的智能对接。进销存单据直接生成会计凭证，无论是采购、销售、往来还是成本核算，一秒瞬间完成，一体化操作高效省心，大幅提升企业经营效率，让生意更简单。

1. 关联进销存

（1）功能入口：“设置”—“关联进销存”（见图1-50）。

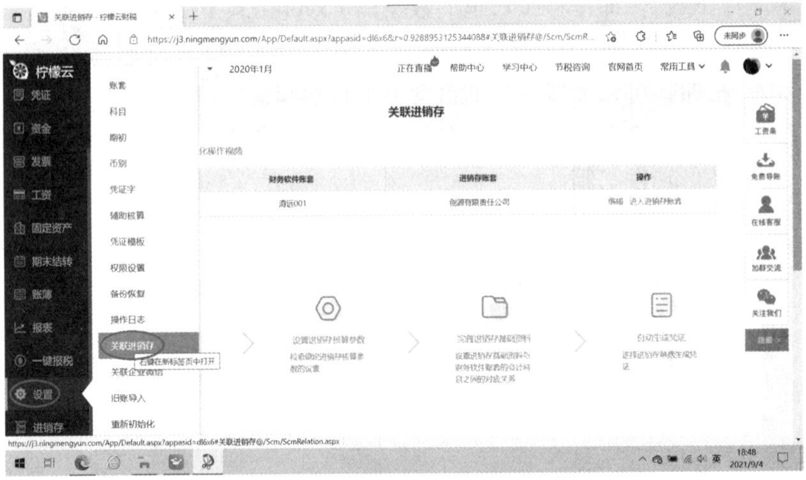

图1-50 关联进销存设置

（2）操作步骤：

1）点击主菜单中“设置”模块中的“关联进销存”，进入“关联进销存”页面。

2）点击“编辑”或操作指引的“关联进销存账套”，进入页面后，如需设置关联进销存，点击“关联”，选择需要关联的进销存账套，保存即可。

3）关联成功后，即可进行下一步操作“设置进销存核算参数”。

（3）注意事项：只有同时拥有财务软件和进销存的账套管理员，才有权限设置关联进销存。

2. 设置进销存参数

（1）功能入口：在图1-50所示窗口中进入“设置进销存核算参数”。

（2）操作步骤：

1）点击操作指引的“进销存核算参数”，进入“进销存核算参数”页面（见图1-51）。

2）选择确定各基本设置和默认匹配原则、编辑确定默认对应的会计科目，以便后续的进销存基础资料自动匹配科目，智能生成进销存凭证。

3）设置进销存参数成功后，即可进行下一步操作“完善进销存基础资料”。

图 1－51　设置进销存核算参数

（3）注意事项：确定进销存核算参数后，现有的进销存基础资料会自动根据参数表中默认对应的会计科目进行科目匹配。

3. 完善进销存基础资料

（1）功能入口：在图 1－50 所示窗口中进入“完善进销存基础资料”。

（2）操作步骤：

1）点击操作指引的“进销存基础资料”，进入“进销存基础资料”页面（见图 1－52）。

图 1－52　完善进销存基础资料

2）现有的进销存基础资料已自动根据参数表中默认对应的会计科目进行科目匹配，如需修改，可以自定义进行单个修改，或点击右上角的“批量指定科目”进行多个修改，以便后续智能生成进销存凭证。

3）完善进销存基础资料后，即可进行下一步操作“自动生成凭证”。

4. 自动生成凭证

（1）功能入口：“凭证”—“进销存凭证”（见图1-53）。

图1-53 生成进销存凭证

（2）操作步骤：

1）点击主菜单中“凭证”模块的“进销存凭证”，或在“关联进销存”页面点击操作指引的“自动生成凭证”，进入“进销存凭证”页面。

2）在“进销存单据列表”页面，点击左上角的筛选框选择对应的单据类型，然后勾选对应的进销存单据，点击“生成凭证”，即可预览凭证。在预览凭证页面上，可以将鼠标移动到凭证处，点击“修改”“删除”按钮即可修改、删除凭证；点击“保存”按钮即可保存凭证；点击“取消”按钮可取消生成凭证。

3）点击“分开生成凭证”，可以分开生成凭证；点击“合并生成凭证”按钮，可合并生成一张凭证。

4）生成凭证后，点击关联凭证中的凭证号即可查看生成的凭证。

（3）操作技巧：

1）点击“进销存凭证一览表”（见图1-54），可以查看对应的进销存单据的数量、已生成凭证的数量和未生成凭证的数量。如果想继续生成凭证，点击“进销存单据列表”，选择对应的单据即可继续生成凭证。

2）点击“查看进销存差异”（见图1-55），可以对比两个系统的数据是否存在差异。如需了解两个系统的数据来源，可以点击“查看差异说明”查阅。

图 1-54 进销存凭证一览表

图 1-55 查看进销存差异

(二十一)重新初始化

1. 功能入口

其功能入口为“设置”—“重新初始化”(见图 1-56)。

2. 操作步骤

点击主菜单的“设置”—“重新初始化”。

图 1-56　重新初始化

3. 注意事项

重新初始化系统，将会清空当前账套录入的所有数据，用户应慎重操作!

(1) 系统将删除当前账套新增的所有科目；

(2) 系统将删除当前账套录入的所有凭证；

(3) 系统将删除当前账套录入的所有初始化数据。

(二十二) 进销存系统

1. 功能入口

其功能入口为“进销存”。

2. 操作步骤

(1) 点击主菜单中“进销存”(见图 1-57)。

图 1-57　进入进销存系统 1

（2）点击“设置”—“关联进销存”—“进入进销存账套”（见图 1-58）。

图 1-58 进入进销存系统 2

3. 创建账套

（1）功能入口：“初次进入”（见图 1-59）。

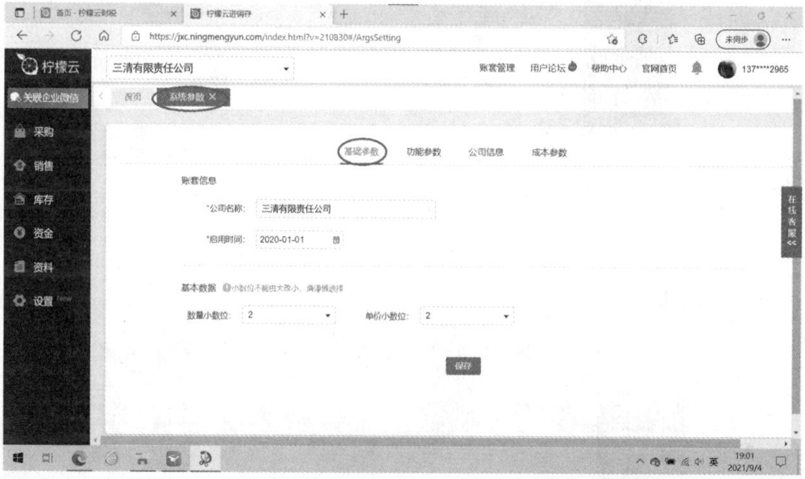

图 1-59 创建进销存账套

（2）操作步骤：

1）初次登录系统，需要创建账套，填写公司信息，公司名称为必填项。

2）启用时间默认为当天，启用时间可根据实际情况修改。账套一旦使用，系统会按照启用时间来记录期初，且不能修改启用时间。

3）本位币：目前只支持人民币（RMB），暂不支持外币。

4）小数位数：随时支持修改小数位位数，但确定保存之后，不能由大改为小，需谨慎操作。

5）存货计价方法：有移动平均法和先进先出法可选，该项是必选项。

6）可用库存允许为负：开启后，在做销售出库单或其他出库单、调拨单等出库类型单据时，若库存不足，也允许单据保存；不开启则不允许保存。

7）启用审核：启用后，系统中的所有单据需要审核后库存增减才会生效。未开启审核则是保存单据后生效。

8）启用税金：启用后，采购和销售的单据会增加“税率”“税额”“价税合计”列。税率允许自定义，自定义设置的税率会自动带入单据。

9）启用自动填充结算金额：启用后，录入采购入库单时，系统自动填充本次付款金额；录入销售出库单时，系统自动填充本次收款金额。

10）启用辅助属性：

①开启后，可在资料模块进行设置（见图1－60）。

图1－60 启用辅助属性

②设置路径：“资料”—“辅助资料”，系统预设的辅助核算可以删除和修改（见图1－61）。

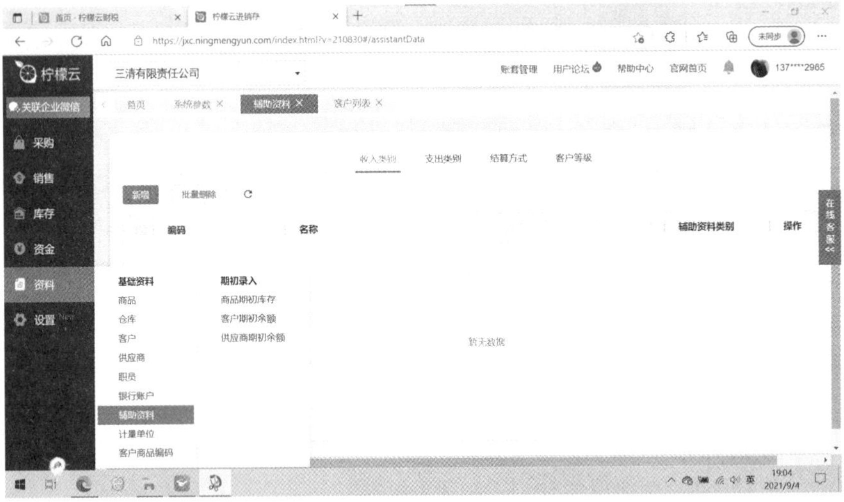

图1－61 设置辅助属性

③点击“新增”按钮可以进入“新增辅助核算”界面，属性值数量不限制。

④辅助资料使用：在商品编辑或新增界面可勾选辅助核算，选定属性类别和属性值，点击快速生成属性组合，可生成该商品的属性，同时根据各属性进行价格策略管理。

⑤属性库存预警：依次点击“库存预警”—“启用分仓预警”—“启用属性设置”。支持根据仓库和属性设置库存预警。

4. 进销存首页功能

(1) 主菜单：包括采购、销售、库存、资金、资料、设置（见图 1-62)。

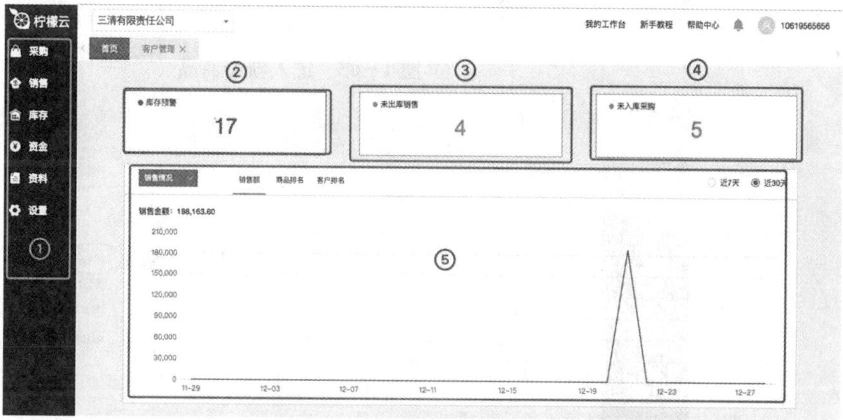

图 1-62 进销存首页功能

(2) 库存预警：商品如果设置了库存预警，当商品库存低于或超出库存预警数量时，这里会有提醒，点击可查看详情。

(3) 未出库销售：记录未生成销售出库单的销售订单数，点击可跳转到销售订单列表。

(4) 未入库采购：记录未生成采购入库单的采购订单数，点击可跳转到采购订单列表。

(5) 采购和销售情况：可以查看近 7 天或近 30 天的采购/销售情况，包括每天的采购/销售额、采购/销售额排前十的商品、采购/销售产生业务金额排前十的供应商和客户。

5. 新增商品

(1) 在商品列表点击“新增”，星号标记的项为必填项，必填项填写完才能保存成功（见图 1-63、图 1-64)。

(2) 勾选多计量单位可设置商品的单位组及换算关系。

(3) 商品的预计采购价和零售价：设置了商品的预计采购价和零售价，在录入单据时，选择商品后，这些信息会自动带入，提高单据录入效率。

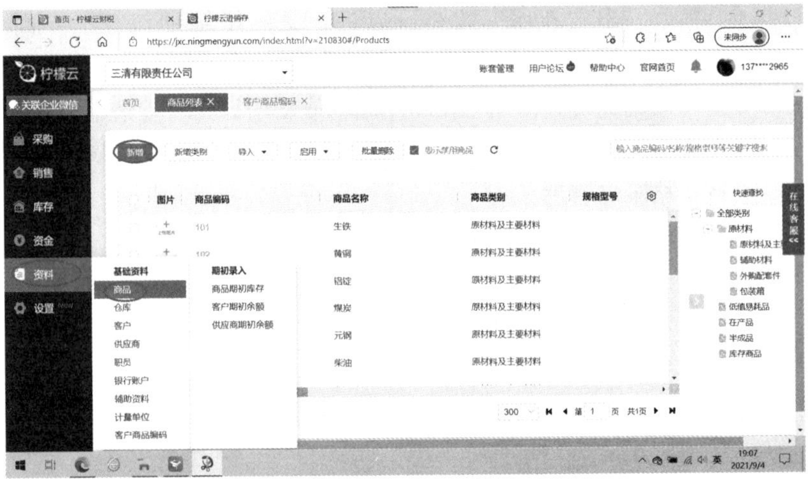

图 1-63　进入新增商品

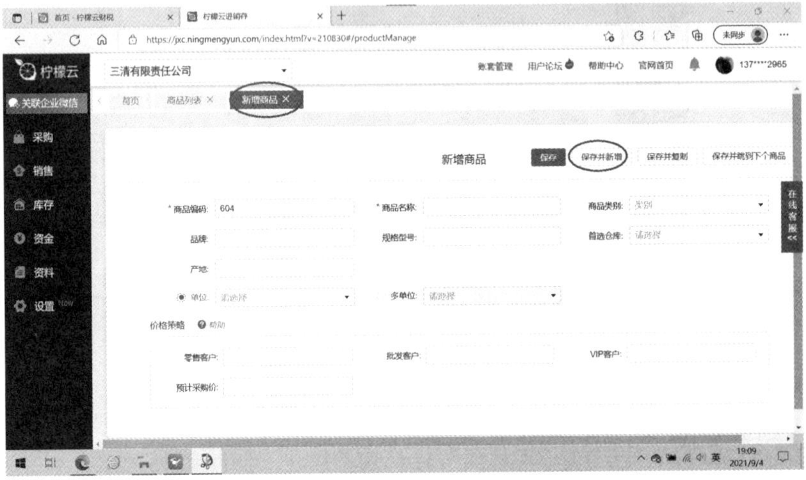

图 1-64　新增商品界面

（4）商品的库存预警：

1）勾选“库存预警”功能，可设置商品最低库存和最高库存。最低库存和最高库存必须是大于零的整数，最低库存不能高于最高库存。

2）需要分仓设置商品库存预警的，直接勾选“启用分仓预警”即可。

（5）商品的期初库存：

1）进入修改或新增商品页面，勾选“设置商品期初库存”。

2）录入期初库存数量时，同时录入仓库和数量才能保存。若有多个仓库，可每个仓库录入一条期初库存。

（6）已被使用的商品不能删除。

6. 采购模块

（1）功能入口：“采购”—“采购订单”（见图1-65）。

图 1-65 采购订单

(2) 操作步骤:

1) 新增采购订单:点击主菜单中的“采购”,选择“采购订单”。

2) 提供两种业务类型,其中购货可处理日常的入库业务,数量自动为正;采购退货选择退货类型,数量录入也为正,在单据列表中会以红字显示,在报表中会显示为负数。

3) 数量与单价不能录入负数。

4) 输入商品数量和单价,系统会自动核算出购货金额(购货金额=数量×单价)。如果修改金额,系统会自动核算出单价。

5) 输入数量和金额后,再输入折扣率,系统会自动计算出折扣额,若输入折扣额,也会计算出折扣额,购货金额为折扣后金额。

6) 采购订单保存或审核后,出现“生成采购入库单”按钮。点击该按钮,即进入该订单对应的采购入库单界面。

7) 审核与反审核:已审核的订单,需要反审核才可修改订单内容,但已经生成采购入库单的采购订单,不允许反审核,需要删除采购入库单才可以反审核采购订单。

7. 销售模块

(1) 功能入口:“销售”—“销售订单”(见图 1-66)。

(2) 操作步骤:

1) 新增销售订单:点击主菜单中的“采购”,选择“销售订单”。

2) 提供两种业务类型,其中销货可处理日常的出库业务,数量自动为正;销售退货选择退货类型,数量录入也为正,在单据列表中会以红字显示,在报表中会显示为负数。

3) 数量与单价不能录入负数。

4) 输入商品数量和单价,系统会自动核算出销货金额(销货金额=数量×

图1-66 销售订单

单价）。如果修改金额，系统会自动核算出单价。

5）输入数量和金额后，再输入折扣率，系统会自动计算出折扣额，若输入折扣额，也会计算出折扣额，购货金额为折扣后金额。

6）销售订单保存（未开启审核功能时）或审核后，出现“生成销售出库单”按钮。点击该按钮，即进入该订单对应的销售出库单界面。

7）审核与反审核：账套开启审核功能条件下的已审核订单，反审核销售订单可以修改单据内容，但已经生成销售出库单的销售订单，不允许反审核，需要删除销售出库单才可以反审核销售订单。

8. 采购、销售业务生成凭证

（1）功能入口：“凭证”—“进销存凭证”（见图1-67）。

（2）操作步骤：选择“凭证”—“进销存凭证”，然后选择需要生成凭证的业务，点击“生成凭证”按钮。

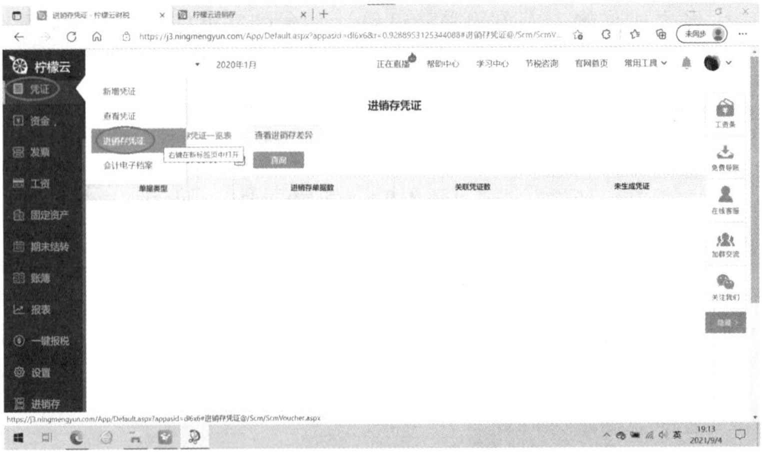

图1-67 采购、销售业务生成凭证

第二章 Chapter 2 模拟实训单位基础资料

一、模拟实训单位概况

企业名称：三清股份有限责任公司

住　　所：HN省CS市府前路127号

电　　话：0731-44768888　44766880（传真）

法定代表人：胡商诚

注册资本：50 000 000元

企业类型：有限责任公司

经营范围：6105Q-1柴油机、6105Q-1金马机、15KW发电机的生产和销售

企业代码：01

纳税登记号：91430100200100138B

开户银行及账号：中国工商银行CS市W支行，43001731500020006600

三清股份有限责任公司（以下简称三清公司）是按照我国《公司法》设立的有限责任公司，主要从事机械制造和销售业务，其主要产品6105Q-1柴油机是DF牌汽车使用的配套产品。

1. 企业资源结构

三清公司现有总资产2.34亿元，资产负债率为51.67%，所有者权益1.13亿元。股本总额50 000 000股，每股面值1元，其中国有资本占80%。固定资产9 856万元，其中生产设备占82%。该公司有职工1 236人，其中生产车间人员1 106人，职能部门人员130人。

2. 公司管理体制

三清公司实行董事会领导下的总经理负责制。内部机构精简而科学合理，共设八部一室。八部是科研部、市场营销部、采购供应部、人事部、财务部、质量检测部、物资管理部、后勤保卫部；一室是公司办公室。公司董事会设董事长一人，董事六人；监事会设监事三人。

公司章程及各种内部控制制度齐全。

3. 生产经营规模

三清公司生产6105Q-1柴油机、6105Q-1金马机、15KW发电机三种产品，其中6105Q-1柴油机是主要产品。年生产能力为：10 000～12 000台6105Q-1柴油机，8 000～8 500台6105Q-1金马机、1 200～1 500台15KW发电机。

该公司产品的主部件系本公司生产，另有一些外购配套件。该公司的生产经营特点是：

（1）各生产阶段的原材料均为一次性投料方式；

（2）外购各种零部件类型单一，统一称为“外购配套件”，便于核算，计量单位为套；

（3）各生产阶段所用辅助材料等统一称为“辅助用料”；

（4）对外销售方式主要有配套销售、抵债销售和零售。

4. 生产工艺流程

三清公司共有三个基本生产车间和一个辅助生产车间，基本生产车间的名称是铸造车间、加工车间、装配车间。生产工艺流程如图2－1所示。

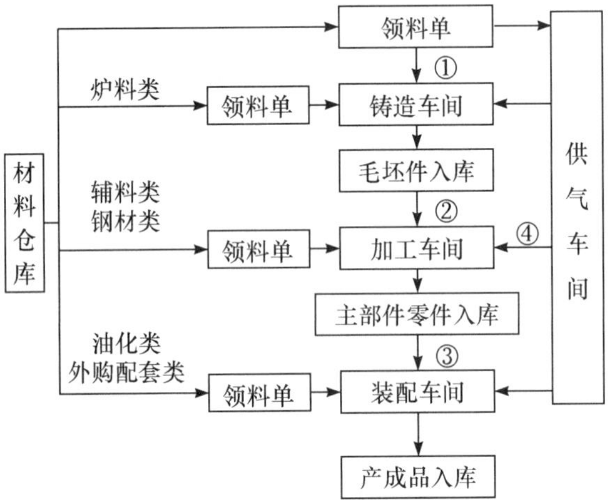

图2－1 生产工艺流程图

①投料进铸造车间生产毛坯件。
②投料、毛坯件进入加工车间生产主部件零件。
③由装配车间生产出产成品入库。
④供气车间为铸造车间、加工车间、装配车间提供服务。

（1）铸造车间。

性质：基本生产车间。

功能：生产产品的主部件的毛坯，即普通铸铁、球墨铸铁和铸铝件。

主要原材料：生铁、黄铜、铝锭、煤炭等。

投料方式：生产开始时一次性投入。

（2）加工车间。

性质：基本生产车间。

功能：生产产品的主部件、部分零件。

主要原材料：普通铸铁、球墨铸铁、铸铝件、元钢、辅助用料等。

投料方式：生产开始时一次性投入。

（3）装配车间。

性质：基本生产车间。

功能：装配产成品。

主要原材料：主部件、零件、外购配套件、柴油、润滑油、油漆、包装箱等。

投料方式：生产开始时一次性投入。

（4）供气车间。

性质：辅助生产车间。

功能：为基本生产车间提供暖气、蒸汽等劳务。

（5）基本生产程序。

第一步，将炉料类原材料和燃料投入铸造车间，生产出普通铸铁、球墨铸铁和铸铝件三类毛坯件。

第二步，将上述三类毛坯件和相应原材料投入加工车间，生产出主部件、零件。

第三步，将各种主部件、外购配套件、零件和油化类原材料投入装配车间，装配调试为产成品入库。

二、技术资料

三清公司各种技术资料见表 2-1 至表 2-6。

三、相关业务往来单位资料

相关业务往来的关联单位基本信息资料见表 2-7 和表 2-8。

表 2-1　原材料计划价格及消耗定额汇总表

金额单位：元

序号及原材料名称	计量单位	计划单价	普通铸铁		球墨铸铁		铸铝件		6105Q-1 柴油机		6105Q-1 金马机		15KW 发电机		投料方式	备注
			消耗定额	金额	消耗定额	金额	消耗定额	金额	消耗定额	金额	消耗定额	金额	消耗定额	金额		
一、炉料类															各生产车间材料均为一次性投入	①相对于铸件而言，是每吨定额 ②相对于产品而言，是每台定额
1. 生铁	千克	1.10	1 296.83	1 426.51	1 630.00	1 793.00	201.00	221.10								
2. 黄铜	千克	8.10					371.00	3 005.10								
3. 铝锭	千克	8.00					1 308.00	10 464.00								
4. 煤炭	千克	0.50	140.00	70.00	104.00	52.00	198.50	99.25								
二、钢材类																
5. 元钢	千克	1.80							609.00	1 096.20	512.00	921.60	81.00	145.80		加工车间
三、油化类																
6. 柴油	升	2.00							116.00	232.00	48.00	96.00	128.00	256.00		装配车间
7. 润滑油	升	2.56							3.10	7.94	1.30	3.33	2.40	6.14		装配车间
8. 油漆	升	8.00							5.50	44.00	4.20	33.60	5.10	40.80		装配车间
四、外购件																
9. 外购配套件	套								1	4 224.00	1	2 189.00	1	5 839.00		装配车间
五、自制铸件																
10. 普通铸铁	千克	4.179							260	1 086.54	294	1 228.63	310	1 295.49		加工车间
11. 球墨铸铁	千克	4.661							190	885.59	56	261.02	56	261.02		加工车间
12. 铸铝件	千克	22.774							16.76	381.69	6.25	142.38	6.25	142.38		加工车间
六、辅料类																
13. 辅助用料	千克	6.70							15.5	103.85	20.00	134	11.25	75.38		加工车间
七、其他类																
14. 包装箱	个								1	92.00	1	86.00	1	84.00		装配车间

表 2-2　单位铸件工时定额表

铸件名称	普通铸铁	球墨铸铁	铸铝件
工时定额（小时/千克）	0.2	0.21	0.67

表 2-3　单位产品工时定额及费用率表

产品或指标	铸造	加工	装配	合计
6105Q-1 柴油机（小时）	103	146	52	301
6105Q-1 金马机（小时）	75	76	41	192
15KW 发电机（小时）	80	145	51	276
小时人工率（元/小时）	8.27	9.74	8.61	
小时制造费用率（元/小时）	3.62	4.17	3.97	
小时动力费用率（元/小时）	1.52	0.95	0.66	

表 2-4　各种铸件计划成本表　　单位：元/千克

成本项目	普通铸铁	球墨铸铁	铸铝件
直接材料	1.427	1.793	13.690
燃料及动力	0.374	0.371	1.118
直接人工	1.654	1.737	5.541
制造费用	0.724	0.760	2.425
合计	4.179	4.661	22.774

表 2-5　单位产品计划制造成本汇总表　　单位：元

成本项目		直接材料				燃料及动力	直接人工	制造费用	合计
		原料及主要材料	包装箱	外购配套件	小计				
6105Q-1 柴油机	铸造车间	941.13			941.13	187.57	851.81	372.86	2 353.37
	加工车间	1 200.05			1 200.05	138.70	1 422.04	608.82	3 369.61
	装配车间	283.94	92.00	4 224.00	4 599.94	34.32	447.72	206.44	5 288.42
	合计	2 425.12	92.00	4 224.00	6 741.12	360.59	2 721.57	1 188.12	11 011.40
6105Q-1 金马机	铸造车间	605.51			605.51	135.44	620.25	271.50	1 632.70
	加工车间	1 055.60			1 055.6	72.20	740.24	316.92	2 184.96
	装配车间	132.93	86.00	2 189.00	2 407.93	27.06	353.01	162.77	2 950.77
	合计	1 794.04	86.00	2 189.00	4 069.04	234.70	1 713.50	751.19	6 768.43
15KW 发电机	铸造车间	628.34			628.34	125.35	661.60	289.60	1 704.89
	加工车间	221.18			221.18	137.75	1 412.30	604.65	2 375.88
	装配车间	302.94	84.00	5 839.00	6 225.94	33.66	439.11	202.47	6 901.18
	合计	1 152.46	84.00	5 839.00	7 075.46	296.76	2 513.01	1 096.72	10 981.95

表 2-6　职工薪酬月计划表

单位：元

单位及人员类别		人数	基本工资	绩效工资	津贴	应付工资合计	医疗保险金(2%)	养老保险金(8%)	失业保险金(1%)	住房公积金(15%)	工会经费(0.5%)	实发工资合计
铸造车间	生产工人	340	348 160	103 400	27 200	478 760	9 031.2	36 124.8	4 515.6	67 734	2 257.8	359 096.6
	管理人员	36	37 584	115 200	4 320	157 104	3 055.68	12 222.72	1 527.84	22 917.6	763.92	116 616.2
	小计	376	385 744	218 600	31 520	635 864	12 086.88	48 347.52	6 043.44	90 651.6	3 021.72	475 712.8
加工车间	生产工人	445	498 400	1 654 040	35 600	2 188 040	43 048.8	172 195.2	21 524.4	322 866	10 762.2	1 617 643
	管理人员	51	54 060	168 300	6 120	228 480	4 447.2	17 788.8	2 223.6	33 354	1 111.8	169 554.6
	小计	496	552 460	1 822 340	41 720	2 416 520	47 496	189 984	23 748	356 220	11 874	1 787 198
装配车间	生产工人	180	190 800	562 800	14 400	768 000	15 072	60 288	7 536	113 040	3 768	568 296
	管理人员	25	26 600	82 300	3 000	111 900	2 178	8 712	1 089	16 335	544.5	83 041.5
	小计	205	217 400	645 100	17 400	879 900	17 250	69 000	8 625	129 375	4 312.5	651 337.5
供气车间	生产工人	25	29 000	75 000	2 000	106 000	2 080	8 320	1 040	15 600	520	78 440
	管理人员	4	4 160	14 400	480	19 040	371.2	1 484.8	185.6	2 784	92.8	14 121.6
	小计	29	33 160	89 400	2 480	125 040	2 451.2	9 804.8	1 225.6	18 384	612.8	92 561.6
科研部		30	48 000	108 000	3 600	159 600	3 120	12 480	1 560	23 400	780	118 260
市场营销部		14	16 800	50 400	1 120	68 320	1 344	5 376	672	10 080	336	50 512
采购供应部		10	14 000	32 000	1 200	47 200	920	3 680	460	6 900	230	35 010
人事部		4	5 680	14 400	480	20 560	401.6	1 606.4	200.8	3 012	100.4	15 238.8
财务部		8	11 280	28 800	960	41 040	801.6	3 206.4	400.8	6 012	200.4	30 418.8
质量检测部		17	26 250	63 000	2 100	91 350	1 785	7 140	892.5	13 387.5	446.25	67 698.75
物资管理部		20	27 200	64 000	2 400	93 600	1 824	7 296	912	13 680	456	69 432
后勤保卫部		15	18 000	45 000	1 800	64 800	1 260	5 040	630	9 450	315	48 105
公司办公室		12	125 000	75 000	1 500	201 500	4 000	16 000	2 000	30 000	1 000	148 500
合计		1 236	148 0974	3 256 040	108 280	4 845 294	94 740.28	378 961.1	47 370.14	710 552.1	23 685.07	3 589 985.29

表 2-7　供货单位信息表

供货单位名称	开户银行名称及账号	税务登记号	电话号码	发货方式	分类码	地区码
SD 钢铁公司	工商银行 B 市分行 20258210007011300001	95275431001000021A	87654312	铁运/汽运	0101	01
SJZ 铝材公司	工商银行 S 分行 33047241000501500002	97061431001100045B	44232223	铁运/汽运	0201	02
XZ 黑山铝厂	工商银行 HS 支行 70354710008001100003	21425430004008033C	33667714	铁运/汽运	0301	03
BJ 矿业公司	建设银行 BJ 分行 73578110003155600004	88314430400300019D	28282225	铁运	0401	04
LY 石油有限责任公司	工商银行 LY 分行 70462210003071700005	61045430500300029E	24262656	铁运	0501	05
WG 黄鹤销售公司	工商银行 H 支行 85077905100001300006	91456430200500018F	38364177	铁运	0601	06
SH 东方铝材公司	工商银行 JH 支行 39543110008001900007	64572430200500036G	28741358	铁运	0701	07
SH 浦东轴承厂	工商银行 ZB 支行 40167803100014400008	95627430200600032H	28751329	铁运	0702	07
SH 新华油漆厂	工商银行 HB 支行 41086310003001600009	89821463020040001B	43165400	铁运	0703	07
AY 新化油漆厂	工商银行 AY 支行 41086310001000800010	82146430200400088B	43165401	铁运	0502	05
LY 钢铁厂	工商银行 LY 支行 40732485100040070012	93041543070030006E	38376402	汽运	0801	08
XT 钢铁厂	工商银行 XT 支行 43168110003000500103	84002143070090022R	52510003	汽运	0802	08
XZJ 煤矿	工商银行 XZJ 支行 20250410110035600013	82009243070010006F	23184004	铁运	0803	08
HX 机械厂	工商银行 HX 分行 20457833002000600014	63007829654103252P	22221115	铁运	0901	09
JN 机器厂	工商银行 JN 支行 43158210020001500015	94005043070040053E	44876906	铁运/汽运	0804	08
CS 仪表厂	工商银行 CS 支行 89657310003070010016	98700824307001000B	43851247	铁运/汽运	0805	08
HN 石油公司南信专卖店	工商银行 HN 分行 41569100018001200207	54000643070060009M	54310008	汽运	0806	08
ZJ 配件厂	工商银行 XJ 分行 54374301002001801038	22009443090090001B	55254309	汽运	0807	08
YY 木器厂	工商银行 YY 分行 10543010030008603009	95400143090020005E	56174380	汽运	0808	08
LX 铜矿	工商银行 LX 支行 50964301002000820088	98307943010040002C	46125501	汽运	0809	08
XN 矿业冶炼厂	工商银行 XN 支行 82071430100300066018	94050430100700078H	23175162	铁运	0901	09
PHT 商品批发公司	工商银行 WY 支行 43030088560123889907	94703904300200098E	84477992	汔运	0803	08

注：以上资料表中若没有相关单位资料，则由学生自行设计。

表 2-8　购货单位信息表

购货单位名称	开户行及账号	税务登记号	电话	分类码	地区码	发货方式
DR 汽车制造厂	工商银行 DR 支行 50944101662000802031	40623401005000801F	4455117	1001	10	铁运
HY 第二汽车制造厂	工商银行 HY 支行 50944101662000804098	40263010050008034R	3332080	0801	08	铁运/汽运
NY 拖拉机厂	工商银行 NY 支行 30574301003000819103	92087430100900092E	5577466	0802	08	铁运/汽运
HZ 机械厂	工商银行 HZ 支行 10524301003000840973	54092430100700070H	2341088	0803	08	汽运
CS 汽运公司	工商银行 CS 支行 12030210006647202348	34243100010007302E	2417065	0804	08	汽运
XX 民贸二局	工商银行 XX 分行 60246835426700180347	80184430100200009F	3145220	0805	08	铁运/汽运
CSX 农机公司	工商银行 CSX 分行 43018569477500902348	34186430100300677D	6480059	0806	08	汽运
HB 农机贸易公司	工商银行 HB 支行 33047241000501587639	02407843010020079E	3754021	0201	02	铁运/汽运
DB 农机贸易公司	工商银行 DB 支行 61098510020003103769	93456430100401177W	8877400	1101	11	铁运
XB 机械制造有限公司	工商银行 XB 支行 08908311000200683975	46388430100300522R	3156418	1201	12	铁运
HD 机械厂	工商银行 HD 支行 30684300100231140298	85172430100400188E	4422111	0701	07	铁运
FZ 船舶厂	工商银行 FZ 中山支行 28190010002001897639	56737430100700833V	5500123	1301	13	铁运
HH 机械制造有限公司	工商银行 HH 支行 44180100030013293047	23178430100500533M	2378413	0501	05	铁运
CD 船舶厂	工商银行 CD 支行 43001100881000190387	34785430100900322T	2467510	0807	08	铁运/汽运
CS 船舶厂	工商银行 CS 分行 43016957436530303986	34335430100700299U	8686419	0808	08	汽运
HN 光电厂	工商银行 HN 常德支行 43001100881000192322	34629431000100633W	3520212	0809	08	铁运/汽运
HU 实业有限责任公司	工商银行 HU 路支行 20300679540018712468	34233006001000822G	8813412	0810	08	汽运
SF 机电公司	工商银行 SF 支行 41086310200010687435	82146430200500255H	2241109	0702	07	铁运
HB 机电设备公司	工商银行 HB 路支行 43015676334001345692	34168430100800022F	4488650	0811	08	汽运
YZ 机电公司	工商银行 YZ 市支行 43016274540204686483	34275630120050032D	3322147	0812	08	汽运
YY 汽配公司	工商银行 YY 市支行 43016274540204639020	34275630120050076E	2980121	0813	08	汽运
XN 汽配贸易公司	工商银行 XN 市支行 44018810008001920343	65142003578000209H	8540173	1401	14	铁运

注：以上资料表中若没有相关单位资料，则由学生自行设计。

第三章 Chapter 3 模拟实训单位期初核算资料

一、报表资料

1. 期初资产负债表（见表3－1）

表3－1　资产负债表

编制单位：三清股份有限责任公司　　2×19年12月31日　　单位：元

资产项目	行次	年初余额	年末余额	负债及所有者权益项目	行次	年初余额	年末余额
流动资产：				流动负债：			
货币资金		11 967 360.00	11 701 387.00	短期借款		4 200 000.00	12 360 000.00
交易性金融资产			18 000.00	交易性金融负债			
衍生金融资产				衍生金融负债			
应收票据		500 000.00	950 900.00	应付票据			2 050 000.00
应收账款		895 500.00	4 680 540.00	应付账款		3 250 000.00	900 000.00
预付款项		450 000.00	1 245 000.00	预收账款			
其他应收款		35 000.00	1 620 000.00	合同负债		500 000.00	650 000.00
存货		52 460 000.00	39 825 886.14	应付职工薪酬		240 319.22	323 873.44
合同资产				应交税费		4 525 656.00	3 707 473.00
持有待售资产				其他应付款		18 650 000.00	310 000.00
一年内到期的非流动资产		9 600 000.00	9 600 000.00	持有待售负债			
其他流动资产				一年内到期的非流动负债		10 030 000.00	10 030 000.00

续表

资产项目	行次	年初余额	年末余额	负债及所有者权益项目	行次	年初余额	年末余额
流动资产合计		75 907 860.00	69 641 713.14	其他流动负债			
非流动资产：				流动负债合计		41 395 975.22	30 331 346.44
债权投资		200 000.00	200 000.00	非流动负债：			
其他债权投资				长期借款		49 000 000.00	56 000 000.00
长期应收款				应付债券		30 326 667.00	30 326 667.00
长期股权投资		20 000 000.00	20 000 000.00	其中：优先股			
其他权益工具投资				永续债			
其他非流动金融资产				长期应付款		1 085 616.00	4 352 680.00
投资性房地产				预计负债			
固定资产		39 522 407.22	76 668 219.80	递延收益			
在建工程		50 000 000.00	67 200 000.00	递延所得税负债			
生产性生物资产				其他非流动负债			
油气资产				非流动负债合计		80 412 283.00	90 679 347.00
无形资产		600 000.00	500 000.00	负债合计		121 808 258.22	121 010 693.44
开发支出				股东权益：			
商誉				股本		50 000 000.00	50 000 000.00
长期待摊费用				其他权益工具			
递延所得税资产				其中：优先股			
其他非流动资产				永续债			
非流动资产合计		110 322 407.22	164 568 219.80	资本公积		140 600.00	9 437 860.50
				减：库存股			
				其他综合收益		10 000.00	10 000.00
				盈余公积		3 873 386.00	3 873 386.00
				未分配利润		10 398 023.00	49 877 993.00
				股东权益合计		64 422 009.00	113 199 239.50
资产合计		186 230 267.22	234 209 932.94	负债及股东权益合计		186 230 267.22	234 209 932.94

2. 期初利润表（见表3-2）

表3-2 利润表

编制单位：三清股份有限责任公司　　　2×19年12月　　　单位：元

项目	行次	本月数	本年累计数
一、营业收入		22 140 130.00	243 541 441.47
减：营业成本		117 1900.00	128 919 257.07
税金及附加		425 090.50	2 010 358.03
销售费用		1 386 836.00	15 255 203.46
管理费用		3 188 700.00	35 076 311.56
研发费用			

续表

项目	行次	本月数	本年累计数
财务费用		314 700.00	3 462 666.69
其中：利息费用		315 200.00	3 464 666.69
利息收入		500.00	2 000.00
加：其他收益			
投资收益（损失以“—”号填列）		113 800.00	1 250 136.00
其中：对联营企业和合营企业的投资收益			
净敞口套期收益（损失以“—”号填列）			
公允价值变动收益（损失以“—”号填列）			
资产减值损失（损失以“—”号填列）		—40 000.00	—440 030.00
信用减值损失（损失以“—”号填列）			
资产处置收益（损失以“—”号填列）			
二、营业利润（亏损以“—”号填列）		15 726 703.50	59 627 750.66
加：营业外收入		112 600.00	1 240 659.68
减：营业外支出		264 000.00	2 908 440.34
三、利润总额（亏损总额以“—”号填列）		15 575 303.50	57 959 970.00
减：所得税费用		3 893 825.00	18 480 000.00
四、净利润（净亏损以“—”号填列）		11 681 478.50	39 479 970.00
（一）持续经营净利润（净亏损以“—”号填列）		11 681 478.50	39 479 970.00
（二）终止经营净利润（净亏损以“—”号填列）			
五、其他综合收益的税后净额		10 000.00	10 000.00
（一）不能重分类进损益的其他综合收益		10 000.00	10 000.00
1. 重新计算设定受益计划变动额			
2. 权益法下不能转损益的其他综合收益		10 000.00	10 000.00
3. 其他权益工具投资公允价值变动			
4. 企业自身信用风险公允价值变动			
……			
（二）将重分类进损益的其他综合收益			
1. 权益法下可转损益的其他综合收益			
2. 其他债权投资公允价值变动			
3. 金融资产重分类计入其他综合收益的金额			
4. 其他债权投资信用减值准备			
5. 现金流量套期储备			
6. 外币财务报表折算差额			
……			
六、综合收益总额		11 691 478.50	39 489 970.00
七、每股收益			
（一）基本每股收益		0.233 8	0.789 8
（二）稀释每股收益		0.233 8	0.789 8

注意：提供的相关实训资料年份是以2×19年等格式注明的，在实训中可以根据具体的实训时间明确实训资料日期，其他相关资料时间可一并类推修订，这样更有时效性。

二、期初余额资料

（一）2×20年1月份月初总账余额资料（见表3-3）

表3-3 总账余额表 单位：元

科目	借方余额	科目	贷方余额
库存现金	1 560.00	短期借款	12 360 000.00
银行存款	11 399 827.00	应付账款	900 000.00
其他货币资金	300 000.00	应付票据	2 050 000.00
交易性金融资产	18 000.00	合同负债	650 000.00
应收账款	5 200 600.00	其他应付款	180 000.00
应收票据	950 900.00	应付职工薪酬	323 873.44
其他应收款	1 800 000.00	应交税费	3 707 473.00
预付账款	1 245 000.00	应付利息	130 000.00
原材料	18 091 545.15	长期借款	56 000 000.00
在途物资	421 150.00	应付债券	40 356 667.00
基本生产成本	116 408.91	长期应付款	4 352 680.00
库存商品	20 849 372.08	股本	50 000 000.00
周转材料	347 410.00	资本公积	9 437 860.50
长期股权投资	20 000 000.00	其他综合收益	10 000.00
债权投资	9 800 000.00	盈余公积	3 873 386.00
固定资产	98 563 906.40	利润分配	49 877 993.00
在建工程	67 200 000.00	坏账准备	700 060.00
无形资产	625 000.00	累计折旧	21 877 686.60
		累计摊销	125 000.00
		固定资产减值准备	18 000.00
合　计	256 930 679.54	合　计	256 930 679.54

（二）2×20年1月初明细账余额资料

1. 原材料明细账（见表3-4）

表3-4 原材料明细账月初余额 单位：元

类别及品名	计量单位	数量	单价	金额
（一）炉料类				
生铁	千克	3 351 750	1.10	3 686 925.00

续表

类别及品名	计量单位	数量	单价	金额
黄铜	千克	19 372.50	8.10	156 917.25
铝锭	千克	3 997.50	8.00	31 980.00
煤炭	千克	2 911 000	0.50	1 455 500.00
小计				5 331 322.25
（二）钢材类				
元钢	千克	2 214 000	1.80	3 985 200.00
小计				3 985 200.00
（三）油化类				
柴油	升	3 075 000	2.00	6 150 000.00
润滑油	升	5 627.25	2.56	14 405.76
油漆	升	186 037.50	8.00	1 488 300.00
小计				7 652 705.76
（四）外购配套件				
6105Q-1 柴油机配套件	套	148.80	4 224.00	628 531.20
6105Q-1 金马机配套件	套	115.20	2 189.00	252 172.80
15KW 发电机配套件	套	28.80	5 839.00	168 163.20
小计				1 048 867.20
（五）辅料类				
辅料	千克	6 166.26	6.70	41 313.94
小计				41 313.94
（六）其他类				
6105Q-1 柴油机包装箱	个	168	92.00	15 456.00
6105Q-1 金马机包装箱	个	150	86.00	12 900.00
15KW 发电机包装箱	个	45	84.00	3 780.00
小计				32 136.00
总计				18 091 545.15

2. 其他货币资金明细账（见表 3－5）

表 3－5　其他货币资金明细账月初余额　　单位：元

科目	子目	借或贷	余额（元）
外埠存款	上海采购专户	借	300 000.00

3. 在途物资明细账（见表 3－6）

表 3－6　在途物资明细账月初余额　　金额单位：元

品名	计量单位	数量	单价	金额	供应单位
生铁	千克	165 000	1.08	178 200.00	WG 黄鹤销售公司
元钢	千克	100 000	1.82	182 000.00	WG 黄鹤销售公司
铝锭	千克	5 500	8.10	44 550.00	SJZ 铝材公司
油漆	升	2 000	8.20	16 400.00	AY 新化油漆厂
合计				421 150.00	

4. 周转材料明细账（见表3-7）

表3-7 周转材料明细账月初余额

单位：元

类别及品名	数量	单价	摊余价值	摊销方法
（一）包装物（无余额）				
（二）低值易耗品				
小型工具	165套	192.80	31 812.00	一次摊销法
办公桌椅	70套	630.00	44 100.00	一次摊销法
保险柜	15个	859.20	12 888.00	一次摊销法
文件密码箱	20组	1 956.80	39 136.00	一次摊销法
其他物品	219 474个	1.00	219 474.00	一次摊销法
小计			347 410.00	
合计			347 410.00	

5. 库存商品明细账（见表3-8）

表3-8 库存商品明细账月初余额

单位：元

品名	计量单位	数量	单位制造成本	余额
6105Q-1柴油机	台	1 007	10 939.44	11 016 016.08
6105Q-1金马机	台	680	6 890.06	4 685 240.80
15KW发电机	台	480	10 725.24	5 148 115.20
合计				20 849 372.08

6. 基本生产成本明细账（见表3-9至表3-11）

表3-9 基本生产成本明细账月初余额

生产部门：铸造车间

单位：元

成本项目	直接材料	燃料及动力	直接人工	制造费用	合计
普通铸铁	7 160.69	1 876.73	8 299.77	3 632.93	20 970.12
球墨铸铁	3 969.70	821.39	3 845.72	1 682.64	10 319.45
铸铝件	2 835.06	231.53	1 147.49	502.19	4 716.27
合计	13 965.45	2 929.65	13 292.98	5 817.76	36 005.84

表3-10 基本生产成本明细账月初余额

生产部门：加工车间

单位：元

成本项目	直接材料	燃料及动力	直接人工	制造费用	合计
6105Q-1柴油机	10 800.45	1 040.25	10 665.30	4 566.15	27 072.15
6150Q-1金马机	7 389.20	324.90	3 331.08	1 426.14	12 471.32
15KW发电机	442.36	137.75	1 412.30	604.65	2 597.06
合计	18 632.01	1 502.9	15 408.68	6 596.94	42 140.53

表 3-11　基本生产成本明细账月初余额

生产部门：装配车间　　单位：元

成本项目	直接材料	燃料及动力	直接人工	制造费用	合计
6105Q-1 柴油机	18 399.76	68.64	895.44	412.88	19 776.72
6105Q-1 金马机	4 815.86	27.06	353.01	162.77	5 358.70
15KW 发电机	12 451.88	33.66	439.11	202.47	13 127.12
合计	35 667.50	129.36	1 687.56	778.12	38 262.54

7. 交易性金融资产明细账（见表 3-12）

表 3-12　交易性金融资产明细账月初余额　　单位：元

科目	子目	借或贷	余额（元）	备注
成本	股票	借	6 000.00	
	债券	借	12 000.00	票面年利率为 6%，按年付息
	合计	借	18 000.00	

8. 应收账款明细账（见表 3-13）

表 3-13　应收账款明细账月初余额　　单位：元

子目	借或贷	余额	备注
HD 机械厂	借	564 268.00	2×19 年 12 月 28 日销售
XN 汽配贸易公司	借	1 453 580.00	信用期至 2×20 年 1 月 8 日
HB 农机贸易公司	借	1 980 596.00	2×19 年 12 月 29 日销售
FZ 船舶厂	借	845 400.00	信用期至 2×20 年 2 月 19 日
XX 民贸二局	借	356 756.00	2×18 年 4 月份所欠货款
合计	借	5 200 600.00	

9. 应收票据明细账（见表 3-14）

表 3-14　应收票据明细账月初余额　　单位：元

子目	借或贷	余额	备注
CS 汽运公司	借	332 900.00	2×20 年 1 月 10 日到期
JN 机器厂	借	618 000.00	2×20 年 4 月 20 日到期
合计	借	950 900.00	

10. 预付账款明细账（见表 3-15）

表 3-15　预付账款明细账月初余额　　单位：元

子目	借或贷	余额	备注
SH 浦东轴承厂	借	800 000.00	柴油机配套件 100 套 金马机配套件 100 套 发电机配套件 50 套

续表

子目	借或贷	余额	备注
SD钢铁公司	借	400 000.00	生铁500 000千克
YY木器厂	借	45 000.00	柴油机包装箱300个 金马机包装箱200个 发电机包装箱30个
合计	借	1 245 000.00	

11. 其他应收款明细账（见表3-16）

表3-16 其他应收款款明细账月初余额 单位：元

子目	借或贷	余额	备注
PA保险公司	借	1 250 000.00	财产损失赔款
XL铁运公司	借	528 000.00	财产运输短缺赔款
王英	借	5 000.00	预借差旅费
范艳	借	4 000.00	预借差旅费
李浩	借	6 000.00	预借差旅费
李林	借	6 200.00	材料保管不妥赔款
张杰	借	800.00	出纳人员短缺现金赔款
合计	借	1 800 000.00	

12. 坏账准备明细账（见表3-17）

表3-17 坏账准备明细账月初余额 单位：元

子目	借或贷	余额
应收账款坏账准备	贷	520 060.00
其他应收款坏账准备	贷	180 000.00
合计	贷	700 060.00

13. 债权投资明细账（见表3-18）

表3-18 债权明细账月初余额 单位：元

子目	细目	借或贷	余额	备注
HW公司	成本	借	9 600 000.00	期限5年，2×20年1月31日到期，年利率3%，按年付息
国库券	成本	借	200 000.00	期限3年，2×20年1月2日购入，年利率4%，按年付息
合计		借	9 800 000.00	

14. 长期股权投资明细账（见表3-19）

表3-19 长期股权明细账月初余额 单位：元

子目	细目	借或贷	余额	备注
XM公司	成本	借	20 000 000.00	按权益法核算

15. 固定资产及累计折旧明细账（见表 3-20）

表 3-20 固定资产及累计折旧月初明细资料

单位：元

资产编号	资产类别	资产名称	开始使用日期	资产原值	累计折旧	资产净值	预计使用月份	已计提月份	使用部门	残值率(%)	使用状况	折旧费用科目	增加方式
100101	房屋、建筑物	房屋建筑物（铸造车间）	2×12-01-01	5 998 916.42	2 255 842.53	3 743 073.89	240	95	铸造车间	5.00	正常	制造费用（折旧）—铸造	购入
110101	房屋、建筑物	房屋建筑物（加工车间）	2×12-01-01	3 999 277.61	1 503 895.02	2 495 382.59	240	95	加工车间	5.00	正常	制造费用（折旧）—加工	购入
120101	房屋、建筑物	房屋建筑物（装配车间）	2×12-01-01	4 999 097.02	1 879 868.78	3 119 228.24	240	95	装配车间	5.00	正常	制造费用（折旧）—装配	购入
140101	房屋、建筑物	房屋建筑物（供气车间）	2×12-01-01	1 999 638.80	751 947.51	1 247 691.29	240	95	供气车间	5.00	正常	辅助生产成本	购入
010101	房屋、建筑物	房屋建筑物	2×12-01-01	2 999 458.21	1 147 622.76	1 851 835.45	240	95	公司办公室	5.00	正常	管理费用—折旧费	购入
100201	机器机械生产设备	通用设备（铸造车间）	2×18-01-01	13 842 160.31	2 394 405.36	11 447 754.95	120	23	铸造车间	5.00	正常	制造费用（折旧）—铸造	购入
110201	机器机械生产设备	通用设备（加工车间）	2×18-01-01	10 381 620.24	1 795 804.02	8 585 816.22	120	23	加工车间	5.00	正常	制造费用（折旧）—加工	购入
120201	机器机械生产设备	通用设备（装配车间）	2×18-01-01	6 921 080.16	1 197 202.68	5 723 877.48	120	23	装配车间	5.00	正常	制造费用（折旧）—装配	购入
140201	机器机械生产设备	通用设备（供气车间）	2×18-01-01	3 460 540.08	1 413 023.11	2 047 516.97	120	23	供气车间	5.00	正常	辅助生产成本	购入
100202	机器机械生产设备	专用设备（铸造车间）	2×18-09-01	10 790 089.92	1 217 257.02	9 572 832.90	120	15	铸造车间	5.00	正常	制造费用（折旧）—铸造	购入
110202	机器机械生产设备	专用设备（加工车间）	2×17-09-01	10 790 089.72	1 217 257.02	9 572 832.70	120	27	加工车间	5.00	正常	制造费用（折旧）—加工	购入

续表

资产编号	资产类别	资产名称	开始使用日期	资产原值	累计折旧	资产净值	预计使用月份	已计提月份	使用部门	残值率(%)	使用状况	折旧费用科目	增加方式
120202	机器机械生产设备	专用设备（装配车间）	2×18-09-01	6 165 765.67	695 575.44	5 470 190.23	120	15	装配车间	5.00	正常	制造费用（折旧）—装配	购入
140202	机器机械生产设备	专用设备（供气车间）	2×18-09-01	3 082 883.02	1 471 325.75	1 611 557.27	120	15	供气车间	5.00	正常	辅助生产成本	购入
010401	运输工具	运输工具	2×19-04-01	9 355 121.25	1 502 106.40	7 853 014.85	48	8	公司办公室	5.00	正常	管理费用—折旧费	购入
100203	机器机械生产设备	电气设备（铸造车间）	2×15-12-31	497 748.63	179 687.26	318 061.37	120	48	铸造车间	5.00	正常	制造费用（工资、折旧临时）—铸造	购入
110203	机器机械生产设备	电气设备（加工车间）	2×15-12-31	497 748.63	179 687.26	318 061.37	120	48	加工车间	5.00	正常	制造费用（工资、折旧临时）—加工	购入
120203	机器机械生产设备	电气设备（装配车间）	2×15-12-31	284 427.79	102 678.43	181 749.36	120	48	装配车间	5.00	正常	制造费用（折旧）—装配	购入
140 203	机器机械生产设备	电气设备（供气车间）	2×15-12-31	142 213.88	51 339.21	90 874.67	120	48	供气车间	5.00	正常	辅助生产成本	购入
010203	机器机械生产设备	电气设备	2×15-12-31	722 918.62	342 081.14	380 837.48	120	48	公司办公室	5.00	正常	管理费用—折旧费	购入
100501	电子设备	电子设备（铸造车间）	2×18-03-31	163 311.04	51 585.88	111 725.16	60	21	铸造车间	5.00	正常	制造费用（折旧）—铸造	购入
110501	电子设备	电子设备（加工车间）	2×18-03-31	163 311.04	51 585.88	111 725.16	60	21	加工车间	5.00	正常	制造费用（折旧）—加工	购入
120501	电子设备	电子设备（装配车间）	2×18-03-31	653 244.17	206 343.50	446 900.67	60	21	装配车间	5.00	正常	制造费用（折旧）—装配	购入
140501	电子设备	电子设备（供气车间）	2×18-03-31	653 244.17	269 564.64	383 679.53	60	21	供气车间	5.00	正常	辅助生产成本	购入
			合计	98 563 906.40	21 877 686.60	76 686 219.80							

16. 在建工程明细账（见表3－21）

表3－21　在建工程明细账月初余额　单位：元

子目	借或贷	余额
自营工程	借	67 200 000.00

17. 固定资产减值准备明细账（见表3－22）

表3－22　固定资产减值准备明细账月初余额　单位：元

子目	借或贷	余额
电气设备	贷	18 000.00

18. 无形资产明细账（见表3－23）

表3－23　无形资产明细账月初余额　单位：元

子目	借或贷	余额	备注
商标权	借	500 000.00	摊销期5年，已摊销1年
专利权	借	125 000.00	摊销期5年，已摊销1年
合计	借	625 000.00	

19. 短期借款明细账（见表3－24）

表3－24　短期借款明细账月初余额　单位：元

子目	借或贷	余额
流动资金借款	贷	5 000 000.00
临时周转借款	贷	5 000 000.00
其他短期借款	贷	2 360 000.00
合计	贷	12 360 000.00

20. 应付账款明细账（见表3－25）

表3－25　应付账款明细账月初余额　单位：元

子目	借或贷	余额	备注
WG黄鹤销售公司	贷	900 000.00	收到的外购元钢500 000千克上月末未收到发票，按计划单价1.8元估价入账

21. 应付票据明细账（见表3-26）

表3-26 应付票据明细账月初余额 单位：元

子目	借或贷	余额	备注
ZJ配件厂	贷	1 200 000.00	2×20年1月25日到期600 000元 2×20年2月25日到期600 000元
JN机器厂	贷	850 000.00	2×20年4月2日到期
合计		2 050 000.00	

22. 合同负债明细账（见表3-27）

表3-27 合同负债明细账月初余额 单位：元

子目	借或贷	余额	备注
HN光电厂	贷	500 000.00	预收柴油机20台、金马机20台货款
HB机电设备公司	贷	150 000.00	预收发电机20台货款
合计	贷	650 000.00	

23. 应付职工薪酬明细账（见表3-28）

表3-28 应付职工薪酬明细账月初余额 单位：元

子目	借或贷	余额
职工教育经费	贷	323 873.44

24. 其他应付款明细账（见表3-29）

表3-29 其他应付款明细账月初余额 单位：元

子目	借或贷	余额
科研部信息费	贷	90 000.00
董事会经费	贷	60 000.00
监事会经费	贷	30 000.00
合计	贷	180 000.00

25. 应交税费明细账（见表3-30）

表3-30 应交税费明细账月初余额 单位：元

子目	借或贷	余额
未交增值税	贷	1 876 329.00
应交城市维护建设税	贷	131 334.00
应交所得税	贷	1 606 000.00
应交教育费附加	贷	93 810.00
合计	贷	3 707 473.00

26. 应付利息明细账（见表 3-31）

表 3-31　应付利息明细账月初余额　　单位：元

子目	借或贷	余额
短期借款利息	贷	130 000.00

27. 长期借款明细账（见表 3-32）

表 3-32　长期借款明细账月初余额　　单位：元

子目	借或贷	余额
专项工程借款	贷	50 000 000.00
应计利息	贷	6 000 000.00
合计	贷	56 000 000.00

28. 应付债券明细账（见表 3-33）

表 3-33　应付债券明细账月初余额　　单位：元

子目	细目	借或贷	余额	备注
面值	KRA 公司	贷	10 000 000.00	2×18 年 1 月 2 日买入，年利率 5%，按年付息，已付息 2 年
	WSD 公司	贷	30 000 000.00	2×19 年 1 月 3 日买入，年利率 6%，按年付息，已付息 1 年
利息调整	KRA 公司	贷	30 000.00	未摊销溢价
	WSD 公司	贷	326 667.00	未摊销溢价
合计		贷	40 356 667.00	

29. 长期应付款明细账（见表 3-34）

表 3-34　长期应付款明细账月初余额　　单位：元

子目	借或贷	余额
应付引进设备款	贷	4 352 680.00

30. 股本明细账余额（见表 3-35）

表 3-35　股本明细账月初余额　　单位：元

子目	借或贷	余额
湖湘动力集团公司	贷	40 000 000.00
长运机械公司	贷	10 000 000.00
合计	贷	50 000 000.00

31. 资本公积明细账（见表3-36）

表3-36 资本公积明细账月初余额 单位：元

子目	借或贷	余额
股本溢价	贷	9 437 860.50

32. 盈余公积明细账（见表3-37）

表3-37 盈余公积明细账月初余额 单位：元

子目	借或贷	余额
法定盈余公积	贷	3 248 930.00
任意盈余公积	贷	624 456.00
合计	贷	3 873 386.00

33. 利润分配明细账（见表3-38）

表3-38 利润分配明细账月初余额 单位：元

子目	借或贷	余额（元）	备注
未分配利润	贷	10 398 023.00	年初余额

除上述资料外，资产、负债及所有者权益科目若有期初总账余额但未提供明细账余额资料的，可不开设明细分类核算。进行具体业务的会计处理时，可根据需要在上述明细科目基础上再增设明细科目进行核算。损益类科目无期初余额，可根据发生的具体业务内容和公司财务制度设置明细科目核算。

第四章 Chapter 4 模拟实训单位本期核算资料

一、2×20 年 1 月份生产车间业务

2×20 年 1 月份三清公司的产品实际生产情况见表 4－1。

表 4－1　产品生产情况统计表

2×20 年 1 月

项目	铸造（吨）			加工（台）			装配（台）		
	普通铸铁	球墨铸铁	铸铝件	6105Q-1 柴油机	6105Q-1 金马机	15KW 发电机	6105Q-1 柴油机	6105Q-1 金马机	15KW 发电机
期初结存				5	5		4	2	2
本月投入	386	185.6	17.158	800	500	100	790	500	100
本月完工	386	185.6	17.158	790	500	100	780	498	100
期末结存				15	5		14	4	2

说明：期初、期末在产品完工程度均为 50%。

（一）铸造车间

铸造车间 2×20 年 1 月基本业务见表 4－2。

表 4－2　2×20 年 1 月铸造车间基本业务一览表

序号	时间	业务内容	备注
1	1.1	按投产量计算本月生产产品所需耗用的各种材料定额消耗量。	限额领料单

续表

序号	时间	业务内容	备注
2	1.1	生产产品领用以下材料：生铁134 426千克，黄铜1 060千克，铝锭3 742千克，煤炭12 800千克。（生铁、黄铜、铝锭为生产产品的直接材料，煤炭为生产产品的燃料。）	限额领料单
3	1.1	收到分发给本部门的办公用品，作为制造费用开支。	费用内部结算单
4	1.2	车间一般消耗领用辅助材料1 000千克。	领料单
5	1.6	生产产品领用以下材料：生铁134 430千克，黄铜1 060千克，铝锭3 745千克，煤炭12 795千克。	限额领料单
6	1.8	领用其他物品200元，采用一次摊销法处理。	领料单
7	1.11	生产产品领用以下材料：生铁134 400千克，黄铜1 065千克，铝锭3 740千克，煤炭12 790千克。	限额领料单
8	1.15	汇总上月本车间职工考勤记录，上报公司人事部以备计算应付工资（资料见表4-3）。	出勤情况汇总表
9	1.16	收到水费、电费等费用内部结算单，按用途编制燃料及动力费用分配表。	费用内部结算单 燃料及动力费用分配表
10	1.16	生产产品领用以下材料：生铁134 400千克，黄铜1 060千克，铝锭3 740千克，煤炭12 750千克。	限额领料单
11	1.17	车间一般消耗领用辅助材料1 500千克。	领料单
12	1.18	根据收到的电话费内部结算单，分配计入制造费用。	费用内部结算单
13	1.20	收到公司薪酬核算员转来的职工薪酬计算表，按用途分配职工薪酬费用。	职工薪酬费用分配表
14	1.21	生产产品领用以下材料：生铁134 426千克，黄铜1 060千克，铝锭3 744千克，煤炭12 800千克。	限额领料单
15	1.26	生产产品领用以下材料：生铁134 000千克，黄铜1 070千克（请领数为1 080千克，经批准实领1 070千克），铝锭3 730千克，煤炭13 000千克。	限额领料单
16	1.30	根据限额领料单汇总编制材料费用分配表。	限额领料单 材料费用分配表
17	1.30	根据收到的劳保用品等其他有关费用内部结算单，分配计入制造费用。	费用内部结算单
18	1.31	汇总制造费用明细账借方发生额，按产品品种进行本月制造费用分配。	制造费用分配表
19	1.31	汇总基本生产成本明细账余额，根据完工情况分配计算月末广义在产品成本和应计入完工产品成本份额。月末在产品按定额成本计算。	车间生产成本计算表
20	1.31	按定额比例将以铸件品种确认的应计入完工产品成本份额转换为按完工产品品种反映的结果。	铸造车间完工产品成本计算表

注意：产品生产领用的材料填制限额领料单，一个月填制一张限额领料单，月末汇总进行材料费用分配并编制记账凭证。车间一般消耗的材料填制领料单，每领用一次填制一张领料单，并按用途编制记账凭证。发出材料采用移动加权平均法计价。

表 4-3 2×20 年 1 月铸造车间职工出勤情况汇总表

类别	姓名	基本情况		天数
		工龄（年）	工资（元）	
管理人员	范青	7	720	公假 2 天
生产工人	李冰等 8 人	6	680	公假 2 天
	张宏基等 7 人	7	750	加班 3 天
	陈浩等 10 人	7	750	加班 2 天
	张文华等 5 人	15	1 750	加班 2 天
	李青德等 2 人	4	620	加班 3 天
	王群英等 4 人	16	1 850	加班 2 天
	孙建国等 5 人	8	840	加班 2 天
	周文革等 9 人	9	770	加班 2 天
	陈友爱等 6 人	15	1 630	加班 2 天
	曹利平等 5 人	7	730	加班 2 天
	李俊杰等 10 人	10	1 080	加班 2 天
	肖奇辉等 7 人	7	720	加班 5.5 天
	李小莉	5	650	产假 10 天

注：除上述人员以外，车间其他人员均为满勤。

（二）加工车间

加工车间 2×20 年 1 月基本业务见表 4-4。

表 4-4 2×20 年 1 月加工车间基本业务一览表

序号	时间	业务内容	备注
1	1.1	按投产量计算本月生产产品所需耗用的各种材料定额消耗量。	限额领料单
2	1.1	生产产品领用元钢 125 200 千克，领用辅助材料 3 850 千克。	限额领料单
3	1.1	收到分发给本部门的办公用品，作为制造费用开支。	费用内部结算单
4	1.2	领用车间一般消耗用辅助材料 7 000 千克。	领料单
5	1.4	领用煤炭 1 000 千克，作为车间取暖用。	领料单
6	1.5	车间为维护机器设备，领用润滑油 800 升。	领料单
7	1.6	生产产品领用元钢 124 800 千克，辅助材料 3 900 千克。	限额领料单
8	1.10	领用小型工具 2 套，用于车间一般耗用。	领料单
9	1.11	生产产品领用元钢 125 000 千克，辅助材料 3 800 千克。	限额领料单
10	1.15	汇总上月本车间职工考勤记录，上报公司人事部以备计算应付工资（资料见表 4-5）。	出勤情况汇总表
11	1.16	收到水费、电费等费用内部结算单，按用途编制燃料及动力费用分配表。	费用内部结算单 燃料及动力费用分配表
12	1.17	生产产品领用元钢 125 800 千克，辅助材料 3 800 千克。	限额领料单

续表

序号	时间	业务内容	备注
13	1.18	根据收到的电话费内部结算单，分配计入制造费用。	费用内部结算单
14	1.19	领用车间一般消耗用辅料 7 200 千克。	领料单
15	1.20	收到公司薪酬核算员转来的职工薪酬计算表，按用途分配职工薪酬费用。	职工薪酬费用分配表
16	1.22	车间为维护机器设备，领用油漆 300 升。	领料单
17	1.23	生产产品领用元钢 126 000 千克，辅助材料 4 000 千克。	限额领料单
18	1.26	车间一般需要领用小型工具 5 套。	领料单
19	1.28	生产产品领用元钢 125 100 千克，辅助材料 4 000 千克。	限额领料单
20	1.30	根据限额领料单汇总编制材料费用分配表。	限额领料单 材料费用分配表
21	1.30	根据收到的劳保用品等其他有关费用内部结算单，汇总计入制造费用。	费用内部结算单
22	1.31	汇总制造费用明细账借方发生额，按产品品种进行本月制造费用分配。	制造费用分配表
23	1.31	汇总基本生产成本明细账余额，根据完工情况分配计算月末广义在产品成本和应计入完工产品成本份额。月末在产品按定额成本计算。	车间生产成本计算表

注意：产品生产领用的材料填制限额领料单，一个月填制一张限额领料单，月末汇总进行材料费用分配并编制记账凭证。车间一般消耗的材料填制领料单，每领用一次填制一张领料单，并按用途编制记账凭证。发出材料采用移动加权平均法计价。

表 4－5　2×20 年 1 月加工车间职工出勤情况汇总表

类别	姓名	基本情况		天数
		工龄（年）	工资（元）	
管理人员	敖永金	15	2 620	加班 3 天
生产工人	李浩等 20 人	6	1 480	加班 4 天
	周新建等 20 人	10	1 980	加班 2 天
	陈新平等 20 人	8	1 840	加班 4 天
	赵华等 20 人	7	1 610	加班 4 天
	周庆国等 20 人	3	1 300	加班 4 天
	程进等 20 人	12	2 400	加班 2 天
	高峰等 20 人	10	2 100	加班 4 天
	高元芳等 20 人	9	1 960	加班 3 天
	熊小兰等 20 人	4	1 520	加班 3 天
	贺明娟	3	1 300	婚假 3 天
	周林	7	1 630	事假 2 天

注：除上述人员以外，车间其他人员均为满勤。

（三）装配车间

装配车间 2×20 年 1 月基本业务见表 4-6。

表 4-6　2×20 年 1 月装配车间基本业务一览表

序号	时间	业务内容	备注
1	1.1	按投产量计算本月生产产品所需耗用的各种材料定额消耗量。	限额领料单
2	1.1	生产产品领用柴油 25 600 升，润滑油 670 升，油漆 1 500 升。	限额领料单
3	1.1	收到分发给本部门的办公用品，作为制造费用开支。	费用内部结算单
4	1.2	领用生产柴油机的外购配套件 158 套，包装箱 158 个；生产金马机的外购配套件 100 套，包装箱 100 个；生产发电机的外购配套件 20 套，包装箱 20 个。	限额领料单
5	1.5	领用车间一般消耗用辅助材料 2 300 千克。	领料单
6	1.6	收到公司总成本往来转来本车间租入设备的租金支付内部结算单，价税合计金额为 711.9 元，其中可抵扣的增值税为 81.9 元。	费用内部结算单
7	1.7	生产产品领用柴油 25 700 升，润滑油 670 升，油漆 1 400 升。	限额领料单
8	1.8	领用生产柴油机的外购配套件 158 套，包装箱 158 个；生产金马机的外购配套件 100 套，包装箱 100 个；生产发电机的外购套件 20 套，包装箱 20 个。	限额领料单
9	1.10	车间领用煤炭 800 千克用于取暖。	领料单
10	1.12	自行维修设备领用周转材料的其他物品 1 920 个。	领料单
11	1.13	领用生产产品用柴油 25 500 升，润滑油 670 升，油漆 1 300 升。	限额领料单
12	1.14	领用生产柴油机的外购配套件 158 套，包装箱 158 个；生产金马机的外购配套件 100 套，包装箱 100 个；生产发电机的外购配套件 20 套，包装箱 20 个。	限额领料单
13	1.15	汇总上月本车间职工考勤记录，上报公司人事部以备计算应付工资（资料见表 4-7）。	出勤情况汇总表
14	1.16	收到水费、电费等费用内部结算单，按用途编制燃料及动力费用分配表。	费用内部结算单 燃料及动力费用分配表
15	1.18	生产领用柴油 25 900 升，润滑油 670 升，油漆1 400 升。	限额领料单
16	1.18	根据收到的电话费内部结算单，分配计入制造费用。	费用内部结算单
17	1.19	领用生产柴油机的外购配套件 158 套，包装箱 158 个；生产金马机的外购配套件 100 套，包装箱 100 个；生产发电机的外购配套件 20 套，包装箱 20 个。	限额领料单
18	1.19	领用车间一般消耗用辅助材料 2 000 千克。	领料单
19	1.20	收到公司薪酬核算员转来的职工薪酬计算表，按用途分配职工薪酬费用。	职工薪酬费用分配表

续表

序号	时间	业务内容	备注
20	1.25	生产产品领用柴油 25 000 升，润滑油 650 升，油漆 1 400 升。	限额领料单
21	1.25	领用生产柴油机的外购配套件 158 套，包装箱 158 个；生产金马机的外购配套件 100 套，包装箱 100 个；生产发电机的外购配套件 20 套，包装箱 20 个。	限额领料单
22	1.28	生产产品领用元钢 125 100 千克，辅助材料 4 000 千克。	限额领料单
23	1.30	根据限额领料单汇总编制材料费用分配表。	限额领料单 材料费用分配表
24	1.30	根据收到的劳保用品等其他有关费用内部结算单，汇总计入制造费用。	费用内部结算单
25	1.31	汇总制造费用明细账借方发生额，按产品品种进行本月制造费用分配。	制造费用分配表
26	1.31	汇总基本生产成本明细账余额，根据完工情况分配计算月末广义在产品成本和应计入完工产品成本份额。月末在产品按定额成本计算。	车间生产成本计算表

注意：产品生产领用的材料填制限额领料单，一个月填制一张限额领料单，月末汇总进行材料费用分配并编制记账凭证。车间一般消耗的材料填制领料单，每领用一次填制一张领料单，并按用途编制记账凭证。发出材料采用移动加权平均法计价。

表 4-7　2×20 年 1 月装配车间职工出勤情况汇总表

类别	姓名	基本情况		天数
		工龄（年）	工资（元）	
管理人员	王立华	7	2 030	加班 3 天
生产工人	邹庆	15	2 620	加班 2 天
	方波等 5 人	9	2 260	加班 2 天
	刘艳辉	5	1 650	加班 2 天
	潘文亮	8	2 140	加班 2 天
	喻军	5	1 750	加班 2 天
	范青松	6	1 980	加班 2 天
	黄永波	10	2 580	加班 2 天
	熊智	8	2 140	病假 1 天
	刘枫林	3	1 500	事假 1 天

注：除上述人员以外，车间其他人员均为满勤。

（四）供气车间

供气车间 2×20 年 1 月基本业务见表 4-8。

表 4-8　2×20 年 1 月 供气车间基本业务一览表

序号	时间	业务内容	备注
1	1.1	收到分发给本部门的办公用品，作为辅助生产成本开支。	费用内部结算单
2	1.5	生产领用煤炭 100 000 千克。	领料单
3	1.8	领用其他物品实际成本 500 元。	领料单

续表

序号	时间	业务内容	备注
4	1.10	修理设备领用小型工具6套，每套实际成本192.80元。	领料单
5	1.15	生产领用煤炭80 000千克。	领料单
6	1.15	汇总上月本车间职工考勤记录，上报公司人事部以备计算应付工资（资料见表4-9）。	出勤情况汇总表
7	1.16	收到水费、电费等费用内部结算单，按用途计入辅助生产成本。	费用内部结算单
8	1.18	根据收到的电话费内部结算单，计入辅助生产成本。	费用内部结算单
9	1.20	收到公司薪酬核算员转来的职工薪酬计算表，按用途分配职工薪酬费用。	职工薪酬费用分配表
10	1.21	车间一般消耗用辅助材料1 700千克。	领料单
11	1.26	生产领用煤炭90 000千克。	领料单
12	1.30	根据收到的劳保用品等其他有关费用内部结算单，汇总计入辅助生产成本。	费用内部结算单
13	1.31	汇总辅助生产成本明细账借方发生额，按受益对象进行本月辅助生产费用分配（见表4-10）。	辅助生产费用分配表

注：供气车间不实行材料定额管理，领用的材料物品填制领料单，发出材料采用移动加权平均法计价。

表4-9　2×20年1月供气车间职工出勤情况汇总表

类别	姓名	基本情况		天数
		工龄（年）	工资（元）	
生产工人	张伟	6	1 680	加班2天
	方华	7	1 830	加班1天
	陈美美	9	2 070	探亲假10天
	张艺等2人	15	2 420	加班2天

注：除上述人员以外，车间其他人员均为满勤。

表4-10　2×20年1月供气车间供气量明细表

受益单位	供气量（立方米）
铸造车间	21 560
加工车间	29 200
装配车间	24 250
管理部门	16 550
合计	91 560

二、购销业务

（一）采购供应部

采购供应部2×20年1月基本业务见表4-11。

（二）市场营销部

市场营销部2×20年1月基本业务见表4-12。

表 4-11　2×20 年 1 月采购供应部基本业务一览表

序号	时间	供货单位	品名规格	单位	数量	单价	金额	税率	税额	价税合计	货款结算方式	运输方式及运费	备注
1	1.1	冲销上月末的货到未付款所暂估应付款，资料见期初“应付账款”明细账。											红字收料单
2	1.2	LY 钢铁厂	生铁	千克	100 000	1.09					信汇。	自提，当日入库。	增值税专用发票 信汇凭证 收料单
3	1.2	CS 仪表厂	辅料	千克	60 000	6.80					转账支票，当日结算。	自提，当日入库。	增值税专用发票 转账支票 收料单
4	1.2	JN 机器厂	柴油机配套件 金马机配套件 发电机配套件	套 套 套	600 350 50	4 222 2 187 5 837					网上银行支付，当日结清。	自提，当日入库。	增值税专用发票 网上银行电子回单 收料单
5	1.2	SH 东方铝材公司	铝锭	千克	30 000	7.88					委托收款，SH 东方铝材公司当日办理托收。	供货方代办托运，用现金支票代垫运费价税总额 1 090 元。	增值税专用发票 托收凭证
6	1.3	SH 东方铝材公司	铝锭								承付 1 月 2 日购货款。	收到 1 月 2 日购入的铝锭，验收入库。	托收凭证 收料单

续表

序号	时间	供货单位	品名规格	单位	数量	单价	金额	税率	税额	价税合计	货款结算方式	运输方式及运费	备注
7	1.5	CS木器厂	柴油机包装箱 金马机包装箱 发电机包装箱	个 个 个	600 400 60	93 86 84					上月已预付45 000元，余款用转账支票结清。	自提，当日入库。	增值税专用发票 转账支票 收料单
8	1.8	SD钢铁公司	生铁	千克	500 000	1.03					上月已预付400 000元，余款及运费以信汇结算，本日结清。	SD钢铁公司1月5日发货并代办铁运，代垫运费价税总额2 180元。本日到货，验收入库。	增值税专用发票 信汇凭证 收料单
9	1.9	WG黄鹤销售公司	生铁 元钢	千克 千克	165 000 100 000	1.08 1.82					货款上月已付，本日材料验收入库。		收料单
10	1.10	CS配件厂	辅料	千克	38 000	6.8					银行承兑汇票（承付期3个月），当日出票并向银行申请承兑。	自提，当日入库。	增值税专用发票 银行承兑汇票 银行承兑协议 银行业务收费凭证
11	1.12	SH浦东轴承厂	柴油机配套件 金马机配套件 发电机配套件	套 套 套	100 100 50	4 220 2 186 5 836					上月已预付货款800 000元，其余款项用外埠存款支付。	SH浦东轴承厂1月8日发货并代办铁运，代垫运费价税总额2 725元。当日材料运到，验收入库。运费按数量比例分配。	增值税专用发票 银行业务回单 费用分配表 收料单

续表

序号	时间	供货单位	品名规格	单位	数量	单价	金额	税率	税额	价税合计	货款结算方式	运输方式及运费	备注
12	1.15	汇总上月本部门职工考勤记录（采购供应部上月全员满勤），上报公司人事部以备计算应付工资。											出勤情况汇总表
13	1.16	XT钢铁厂	生铁	千克	100 000	1.10					银行汇票，当日申请开出，当日结清。	自提，当日入库。	增值税专用发票 银行汇票申请书 银行业务收费凭证 银行汇票 收料单
14	1.19	SJZ铝材公司	铝锭	千克	5 500	8.10						该批货物上月已付款，但尚未入库，今日到达，如数验收入库。	收料单
15	1.20	收到公司薪酬核算员转来的职工薪酬计算表，按用途分配职工薪酬费用。											职工薪酬费用分配表
16	1.21	CS木器厂	柴油机包装箱 金马机包装箱 发电机包装箱	个 个 个	400 200 50	93 86 84					银行本票，当日申请开出，当日结清。	自提，当日入库。	增值税专用发票 银行本票申请书 银行业务收费凭证 银行本票 收料单

续表

序号	时间	供货单位	品名规格	单位	数量	单价	金额	税率	税额	价税合计	货款结算方式	运输方式及运费	备注
17	1.22	WG 黄鹤销售公司	元钢	千克	500 000	1.82					银行汇票，当日申请开出，当日结清。	上月 WG 黄鹤销售公司代办托运并以现金支票垫付运费价税总额 545 元。	货物增值税专用发票 运费增值税普通发票 银行汇票申请书 银行业务收费凭证 银行汇票
		该批货物系上月货到未付款，本日收到发票运单等单据，如数承付货款及税款。											
18	1.24	AY 新化油漆厂	油漆	千克	2 000	8.20					信汇。	AY 新化油漆厂自提退回。	红字增值税专用发票 信汇凭证
		该批货物上月已付款，但尚未入库。本月验收时发现油漆质量很差，与合同不符，与厂方联系同意退货，当日收到厂方红字发票，并收到厂方用信汇结算方式退回的货款及税款。											
19	1.25	CS 配件厂	辅料	千克	2 000	6.90					网上银行支付。	按价税合计总额预付款，2 月购入辅料。	网上银行电子回单
20	1.25	CS 劳保用品商店	工作服	套	4 000	150					转账支票。	自提，当日付清。	增值税专用发票 转账支票
21	1.26	SH 东方铝材公司	铝锭	千克	100 000	8.00					银行汇票，当日申请开出，尚未结算。	自提。	银行汇票申请书 银行汇票
		本日货物收到验收入库，但对方尚未开出发票，货款暂时未付。											

续表

序号	时间	供货单位	品名规格	单位	数量	单价	金额	税率	税额	价税合计	货款结算方式	运输方式及运费	备注
22	1.28	XN矿业冶炼厂	生铁	千克	200 000	1.05					银行汇票，1月27日申请开出240 000元，本日承付货款并退回多余款。	XN矿业冶炼厂代办托运并以现金支票代垫运费价税总额872元。生铁尚未收到。	增值税专用发票 银行汇票申请书 银行业务收费凭证 银行汇票
23	1.31	根据收到的电话费、劳保用品费等结算单，按用途汇总计入管理费用。											费用内部结算单
24	1.31	SH东方铝材公司发来的铝锭仍未收到，按合同约定价税合计款（见第21笔业务资料）暂估价入账。											收料单

注：①表中业务涉及的增值税根据业务内容选用现实适用税率，计算相关税费及价税合计额，作为填开相关始凭证的依据。除特别备注外，业务中涉及的增值税额均可抵扣。

②以上业务系指导性业务，在实训中采购核算人员可根据本月生产进度和库存存货情况对采购计划进行调整，经业务经理审核同意后，及时采购材料物资，以保证生产经营的正常进行。

表4-12　2×20年1月市场营销部基本业务一览表

序号	时间	购货单位	品名规格	单位	数量	单价	金额	税率	税额	价税合计	结算方式	运输方式及运费	备注
1	1.1	CSX农机公司	6105Q-1柴油机 6105Q-1金马机	台 台	80 10	22 700 11 250					转账支票，当日结清。	自提。	增值税专用发票 销货清单 银行进账单 商品出库单

续表

序号	时间	购货单位	品名规格	单位	数量	单价	金额	税率	税额	价税合计	结算方式	运输方式及运费	备注
2	1.1	YZ 机电公司	6105Q-1 柴油机 15KW 发电机	台 台	45 30	22 700 21 500					信汇结算，当日结清。	自提。	增值税专用发票 销货清单 信汇凭证 商品出库单
3	1.2	HZ 机械厂	15KW 发电机	台	1	22 000					网上银行转账，当日入账。	自提。	增值税专用发票 销货清单 银行回单 商品出库单
4	1.2	HY 第二汽车制造厂	6105Q-1 柴油机 6105Q-1 金马机 15KW 发电机	台 台 台	65 30 10	22 700 11 250 21 500					银行汇票，当日收到对方交来的银行汇票并提交银行入账。	代办托运，用现金支票垫付运费价税总额 3 270 元。	增值税专用发票 销货清单 现金支票 银行进账单 商品出库单
5	1.4	XB 机械制造公司	6105Q-1 柴油机 6105Q-1 金马机	台 台	60 40	22 700 11 250					银行承兑汇票，本日签发，期限 90 天。	自提。	增值税专用发票 销货清单 银行承兑汇票 商品出库单
6	1.8	HN 光电厂	6105Q-1 柴油机 6105Q-1 金马机	台 台	20 20	22 700 11 250					上月已预收 500 000 元，本日发货，余款信汇结算入账 。	代办铁运，用现金支票垫付运费价税总额 2 090 元。	增值税专用发票 销货清单 现金支票 信汇凭证 商品出库单

续表

序号	时间	购货单位	品名规格	单位	数量	单价	金额	税率	税额	价税合计	结算方式	运输方式及运费	备注
7	1.9	CS船舶厂	6105Q-1柴油机 6105Q-1金马机	台 台	30 20	22 700 11 250					暂未收款，提供的现金折扣条件：2/10，n/30（折扣不考虑增值税因素）。	自提。	增值税专用发票 销货清单 商品出库单
8	1.11	CD船舶厂	6105Q-1柴油机 6105Q-1金马机 15KW发电机	台 台 台	40 10 30	22 700 11 250 21 500					银行汇票，1月10日CD船舶厂出票1 890 000元，当日通过银行入账，余款退回。	代办汽运，用现金支票垫付运费价税总额1 090元。	增值税专用发票 销货清单 现金支票 银行进账单 商品出库单
9	1.13	HB机电设备公司	6105Q-1柴油机 6105Q-1金马机 15KW发电机	台 台 台	30 40 40	22 700 11 250 21 500					上月已预收货款150 000元，本日发货，余款用转账支票结算入账。	自提。	增值税专用发票 销货清单 银行进账单 商品出库单
10	1.15	本月1日（第1笔业务）销售给CSX农机公司的6105Q-1柴油机50台，其中5台有质量问题，对方要求退货，经双方协商本公司同意退货，开具红字增值税专用发票和转账支票退款，并自提收回产品重新入库。									转账支票，退回5台柴油机的价税款。	自提。	红字增值税专用发票 转账支票 商品入库单
11	1.15	汇总上月本部门职工考勤记录（市场营销部上月全员满勤），上报公司人事部以备计算应付工资。											出勤情况汇总表
12	1.16	SF机电公司	6105Q-1柴油机 6105Q-1金马机 15KW发电机	台 台 台	50 30 20	22 700 11 250 21 500					信汇结算，14日签发，16日到款。	自提。	增值税专用发票 销货清单 信汇凭证 商品出库单

续表

序号	时间	购货单位	品名规格	单位	数量	单价	金额	税率	税额	价税合计	结算方式	运输方式及运费	备注
13	1.18	YY 汽配公司	6105Q-1 柴油机 6105Q-1 金马机 15KW 发电机	台 台 台	60 10 30	22 700 11 250 21 500					银行汇票，当日出票，当日到账。	代办托运，用支付宝垫付运费价税总额 1 090 元。	增值税专用发票 销货清单 支付宝付款凭证 银行进账单 商品出库单
14	1.19	NY 农机厂	6105Q-1 柴油机 6105Q-1 金马机	台 台	55 25	22 700 11 250					委托收款，当日办妥托收，1 月 24 日收到款项。	代办托运，用支付宝垫付运杂费 1 635 元。	增值税专用发票 销货清单 支付宝付款凭证 托收凭证 商品出库单
15	1.19	CS 船舶厂	收到第 9 笔业务的货款及税款，扣除折扣优惠后的款项收妥入账。								转账支票		银行进账单
16	1.20	收到公司薪酬核算员转来的职工薪酬计算表，按用途分配职工薪酬费用。											职工薪酬费用分配表
17	1.20	HH 机械制造公司	6105Q-1 柴油机 6105Q-1 金马机 15KW 发电机	台 台 台	80 60 10	22 700 11 250 21 500					银行承兑汇票，本日出票，承兑期 90 天。	自提。	增值税专用发票 销货清单 银行承兑汇票 商品出库单
18	1.21	CS 船舶厂	6105Q-1 柴油机	台	20	22 700					捐赠给 CS 船舶厂产品。	自提。	增值税专用发票 商品出库单

续表

序号	时间	购货单位	品名规格	单位	数量	单价	金额	税率	税额	价税合计	结算方式	运输方式及运费	备注
19	1.22	HZ机械厂	6105Q-1柴油机 6105Q-1金马机	台 台	50 40	22 700 11 250					信汇结算，1月20日签发信汇凭证，本日收到货款。	自提。	增值税专用发票 销货清单 信汇凭证 商品出库单
20	1.23	张辉门市部	15KW发电机	台	1	22 000					现金，当天收到现金并存入银行。	自提。	增值税普通发票 销货清单 现金缴款单 商品出库单
21	1.24	DB农机贸易公司	15KW发电机 6105Q-1柴油机 6105Q-1金马机	台 台 台	10 30 40	21 500 22 700 11 250					当日发货，约定2月5日收款。	代办铁运，用现金支票垫付运费价税总额2 180元。	增值税普通发票 销货清单 现金支票 商品出库单
22	1.25	HN光电厂	元钢	千克	500 000	2.5					银行汇票，1月24日出票，当日进账。	自提，公司将多余材料出售。	增值税普通发票 销货清单 银行进账单 商品出库单
23	1.27	FZ船舶厂	6105Q-1柴油机 6105Q-1金马机 15KW发电机	台 台 台	70 90 20	22 700 11 250 21 500					银行汇票，本日收到货款价税总额的40%及代垫运费总额，余款约定下月2日用信汇结算。	代办铁运，用现金支票垫付运费价税总额4 905元。	增值税普通发票 销货清单 现金支票 银行进账单 商品出库单

续表

序号	时间	购货单位	品名规格	单位	数量	单价	金额	税率	税额	价税合计	结算方式	运输方式及运费	备注
24	1.28	HH 机械制造公司	6105Q-1 柴油机 6105Q-1 金马机	台 台	80 60	22 700 11 250					信汇结算，预收价税总额的 50%，信汇凭证 1 月 25 日签发，本日收款。	约定 2 月 5 日发货。	信汇凭证
25	1.29	YY 汽配公司	6105Q-1 柴油机 6105Q-1 金马机 15KW 发电机	台 台 台	30 70 20	22 700 11 250 21 500					委托收款，本日办托收，2 月 3 日承付。	代办汽运，用支付宝垫付运费价税总额 1 090 元。	增值税普通发票 销货清单 现金支票 托收凭证 商品出库单
26	1.30	根据收到的劳保用品费等费用内部结算单，按用途汇总计入销售费用。											费用内部结算单

注：表中业务涉及的增值税根据业务内容选用现实适用税率，计算相关税费及价税合计额，作为填开相关原始凭证的依据。

三、行政管理部门

行政管理部门2×20年1月基本业务见表4-13。

表4-13　2×20年1月公司行政管理部门基本业务一览表

序号	日期	业务内容	结算方式	备注
1	1.1	从PHT商品批发公司购买办公用品，不含税价为3 000元，增值税税率为13%，用转账支票付讫价税合计款，并按使用部门分发办公用品（见表4-14）。	转账支票	转账支票、增值税专用发票、费用内部结算单
2	1.1	收到分发给行政管理部门的办公用品，作为管理费用开支。		费用内部结算单
3	1.1	为王副总经理租赁一套公寓，签发现金支票支付本月租金1 356元（其中含可抵扣增值税156元）。	现金支票	租赁合同（自制）、现金支票、增值税专用发票
4	1.2	分摊本月为公司王副总经理租赁公寓的月租费1 200元。		费用内部结算单
5	1.3	领辅料70千克，领用文件密码箱一组，单价1 956.80元。		领料单
6	1.5	购入低温锻压技术，不含税价款100 000元，增值税税率为6%，收到北京锻压设备厂开具的增值税专用发票，通过电子银行转账付清款项。	电子银行转账	增值税专用发票、电子银行回单
7	1.11	开出现金支票提现218 000元，发放职工生活困难补助。	现金支票	现金支票、职工生活困难补助发放表（自制）
8	1.15	汇总上月本部门职工考勤记录（行政管理部门上月全员满勤），上报公司人事部以备计算应付工资。		出勤情况汇总表
9	1.17	一般耗用领辅料48千克。		领料单
10	1.18	报废在用办公桌椅2套，收取残料变价收入现金30元。		报废单、收据
11	1.19	按公司财务制度计提董事会经费。		董事会经费计提表（自制）
12	1.20	签发转账支票向长沙鹏程修理厂支付当月设备维修费120 000元。	转账支票	转账支票、增值税普通发票
13	1.20	收到公司薪酬核算员转来的职工薪酬计算表，按用途分配行政管理部门职工薪酬费用。		职工薪酬费用分配表
14	1.20	用现金支票报销办公室业务招待费8 000元。	现金支票	现金支票、增值税普通发票、费用报销单
15	1.20	聘请专家进行产品质量检测，用现金支付专家经费2 000元。	现金	专家经费发放表

续表

序号	日期	业务内容	结算方式	备注
16	1.23	为更新设备，将加工车间的电子设备全部对外处置给HB机电设备公司，设备原值163 311.04元，已提折旧51 585.88元，用现金支票支付拆卸费20 000元。	现金支票	资产处置审批单（自制）、增值税普通发票、现金支票
17	1.23	收到HB机电设备公司付来的电子设备收入124 300元（含税金额），通过网银转账收款，并结转资产处置损益。	电子银行	增值税专用发票、电子银行回单
18	1.23	公司为“厂房建安工程”拨付2 500 000元工程款。	转账支票	转账支票、增值税普通发票
19	1.24	计提公司固定资产折旧。		固定资产折旧计算表
20	1.25	盘点发现盘盈小型工具10套，盘亏生铁100千克。		财产物资盘盈盘亏报告单
21	1.25	购买账本、报表1 000元，现金支付。	现金	增值税普通发票
22	1.26	支付本年度财产保险费500 000元。	转账支票	转账支票、保险单
23	1.26	领发工作服1 236套，按人数发放给各部门，采用一次摊销法摊销（见表4-15）。		领料单、费用内部结算单
24	1.26	购买印花税票2 000元，现金支票支付。	现金支票	现金支票
25	1.27	对各种材料盘点，发现柴油机包装箱短少5个，原因待查。		材料盘盈盘亏报告单
26	1.30	签发现金支票，发放元旦节日慰问费247 400元（见表4-16）。	现金支票	现金支票、职工福利发放表、内部费用结算单
27	1.31	按财务制度计提当月无形资产摊销额。		无形资产摊销表（自制）
28	1.31	经批准盘盈与盘亏的材料物资转销至“管理费用”账户。		盘盈盘亏表
29	1.31	企业持有的交易性金融资产中“股票”明细科目的期末公允价值为4 800元，“债券”明细科目的期末公允价值为15 000元，按公允价值调整期末余额。		公允价值变动损益计算表（自制）
30	1.31	长期股权投资的受资企业本年度实现净利润3 000 000元，本公司所占资本份额为25%，按权益法确认投资收益。		股权投资收益计算表（自制）
31	1.31	将损益类各账户余额结转“本年利润”账户。		损益类账户余额结转表（自制）
32	1.31	分别按全年税后利润的10%、5%提取法定盈余公积、任意盈余公积，并根据董事会决议，按股本比例向投资方分配现金股利共500 000元，支付日为3月18日。		利润分配计算表
33	1.31	年终转账，将“本年利润”账户和“利润分配”各明细账户的余额转入“利润分配——未分配利润”账户。		

表 4-14　2×20 年 1 月办公用品开支明细表

部门	铸造车间	加工车间	装配车间	供气车间	管理部门	合计
金额（元）	637	817	354	439	753	3 000

表 4-15　2×20 年 1 月工作服发放明细表

部门	人数	单位成本	金额（元）
铸造车间	376	150	56 400
加工车间	496	150	74 400
装配车间	205	150	30 750
供气车间	29	150	4 350
采购供应部	10	150	1 500
市场营销部	14	150	2 100
其他行政管理部门	106	150	15 900
合计	1 236		185 400

表 4-16　2×20 年 1 月职工福利（元旦节日慰问费）发放明细资料

部门	铸造车间	加工车间	装配车间	供气车间	行政管理部门	市场营销部	采购供应部	合计
金额（元）	75 200	99 200	41 000	5 800	21 400	2 800	2 000	247 400

四、薪酬管理及往来核算等业务

2×20 年 1 月薪酬管理及往来业务见表 4-17。

表 4-17　2×20 年 1 月薪酬管理及往来业务一览表

序号	日期	业务内容	结算方式	备注
1	1.1	申请签发现金支票一张，提取现金 8 000 元备用。	现金支票	现金支票
2	1.2	职工王英报销差旅费 4 500 元（预借 5 000 元），多余 500 元现金收回。	现金	差旅费报销单、收据
3	1.2	收到出纳员张杰上交赔偿短缺款 800 元。	现金	收据
4	1.2	用现金支付财务科李艳报销业务培训费 500 元（含税金额）。	现金	增值税普通发票
5	1.4	签发现金支票支付董事会会务费 30 000 元，从董事会经费中列支。	现金支票	现金支票、增值税普通发票
6	1.4	收到保险公司赔付的财产损失赔款 250 000 元，存入银行。	转账支票	转账支票、进账单
7	1.5	支付上月未交税金（见期初余额资料）。	特约网银转账	税金缴款书、银行特约转账通知

续表

序号	日期	业务内容	结算方式	备注
8	1.5	收到 HD 机械厂付来货款 564 268 元（见表 4－18），该款项系 2×19 年 12 月 28 日销售货款，上月货已发并办理托收，本日收到银行传来收款通知联。	委托收款	委托收款收账通知联
9	1.6	职工王光父亲病亡，用工会经费发放丧葬补助 2 000元。	现金支票	现金支票、收据
10	1.9	用转账支票支付 HN 电广传媒有限公司电视广告费 20 000 元（含税金额）。	转账支票	转账支票、增值税普通发票、进账单
11	1.10	职工范艳报销差旅费 4 800 元，以现金 800 元补付预支款项不足之差额。	现金	现金、差旅费报销单
12	1.10	前期销售时收到的 CS 配件厂开出的银行承兑汇票 332 900 元，本日到期，向银行申请承兑，如数收到款项。	银行承兑汇票	银行承兑汇票、托收凭证
13	1.11	签发现金支票一张，提取现金 2 000 元备用。	现金支票	现金支票
14	1.12	支付电信局电话费 3 900 元（含税），并编制费用内部结算表（见表 4－19）给各部门。	转账支票	转账支票、进账单、增值税专用发票、费用内部结算单
15	1.13	支付自来水公司水费 22 471.62 元（含税），并编制费用内部结算表（见表 4－20）给各部门。	网银划转	增值税专用发票、银行特种转账贷方凭证、费用内部结算单
16	1.15	支付电力局电费 473 446.30 元（含税），并编制内部费用分配表（见表 4－21）给各部门。	网银划转	增值税专用发票、银行特种转账贷方凭证、费用内部结算单
17	1.15	XX 民贸二局前年 3 月份所欠货款一直未收回，现经确定该项货款已无法收回，作坏账损失处理（备抵法）。		坏账核销表（自制）
18	1.16	根据各部门交来的考勤汇总表，以及奖金发放表（见表 4－22）和代扣款计算表（见表 4－23）等资料，汇总编制职工薪酬计算表，据以支付公司全体职工工资，并结转代扣款。	网银划转	特种转账贷方凭证、职工薪酬计算表及汇总表
19	1.20	收到 3 年期国库券利息收入 10 000 元。		银行特种转账借方凭证
20	1.20	收回 HB 农机贸易公司的上月应收账款 1 980 596 元。	支付宝	支付宝收款凭证
21	1.22	收到作为交易性金融资产核算的债券投资利息 720 元，存入银行。	网银转账	电子银行回单
22	1.22	收回 5 年期债券投资 9 600 000 元及利息 576 000 元。	银行特种转账	银行特种转账借方凭证
23	1.23	收到银行转来“存款利息清单”320 元。	自动划拨	银行计付利息清单
24	1.23	支付银行手续费 120 元。	现金	银行业务回单
25	1.23	将西北机械制造公司 12 月 4 日签发并承兑的银行承兑汇票到银行进行贴现。贴现率 5%。		贴现凭证

续表

序号	日期	业务内容	结算方式	备注
26	1.23	3年前溢价发行的债券到期，还本付息，并进行溢价摊销。	特种转账	特种转账贷方凭证
27	1.23	支付5年期债券利息，并摊销溢价116 852元。	特种转账	特种转账贷方凭证
28	1.24	计提本月房产税和土地使用税。		房产税和土地使用税计提表（自制）
29	1.25	签发给长沙配件厂面值为600 000元的商业承兑汇票到期，支付票据款项。	商业承兑汇票	托收凭证
30	1.25	计提长期借款（年利率6%）和短期借款利息（年利率4.8%）的本月利息。		利息计算表
31	1.25	偿还临时周转借款5 000 000元，支付本季度短期借款利息。	银行通知单	银行计收利息清单、银行特种转账贷方凭证
32	1.31	签发转账支票缴付养老保险、医疗保险等社会保险费，收款人为岳麓区社会保险管理中心。	网上银行转账	电子银行回单、社会保险费汇缴书
33	1.31	签发转账支票一张，缴付住房公积金，收款人：三清股份有限责任公司公积金专户。	网上银行转账	电子银行回单、公积金汇缴书
34	1.31	按财务制度计提应收账款和其他应收款的坏账准备。		坏账准备计算表（自制）
35	12.31	按资产负债表债务法进行所得税的会计核算。其中有关资料如下：①国库券利息收入10 000元。②去年12月份，管理部门购买仪器设备一台，原值22 000元，预计使用5年，残值880元。会计采用直线法计提折旧，税法要求按双倍余额递减法计算企业所得税。其他调整项目根据资料核定。		所得税税率为25%（被投资企业所得税税率与本企业相同），企业所得税纳税项目明细表

表4-18　托收凭证（汇款依据或收账通知）　4

委托日期：2×19年12月28日

<table>
<tr><td>业务类型</td><td colspan="9">委托收款（☑邮划、□电划）　托收承付（□邮划、□电划）</td></tr>
<tr><td rowspan="3">付款人</td><td>全称</td><td colspan="3">HD机械厂</td><td rowspan="3">收款人</td><td>全称</td><td colspan="3">三清股份有限责任公司</td></tr>
<tr><td>账号</td><td colspan="3">30684300100231140298</td><td>账号</td><td colspan="3">430017315000200066OO</td></tr>
<tr><td>地址</td><td>XX省SH市</td><td>开户行</td><td>工商银行HD支行</td><td>地址</td><td>HN省CS市</td><td>开户行</td><td>工商银行CS市W支行</td></tr>
<tr><td>金额</td><td colspan="5">人民币（大写）伍拾陆万肆仟贰佰陆拾捌元整</td><td colspan="4">亿 千 百 十 万 千 百 十 元 角 分
　　 ¥ 5 6 4 2 6 8 0 0</td></tr>
<tr><td>款项内容</td><td colspan="2">销货款</td><td>托收凭据名称</td><td colspan="2">发票、运单</td><td colspan="2">附寄单证张数</td><td colspan="2">4</td></tr>
<tr><td>商品发运情况</td><td colspan="5">已发运</td><td colspan="2">合同名称号码</td><td colspan="2">200071345</td></tr>
<tr><td colspan="3">备注：
复核　　记账</td><td colspan="4">上列款项已划回收入你方账户内：
收款人开户银行签章
2×20年1月5日</td><td colspan="3"></td></tr>
</table>

说明：三清公司于2×19年12月28日开具托收凭证并向银行办妥托收，2×20年1月5日收到银行转来的托收凭证第四联（收款通知）。

表 4-19　2×20 年 1 月电话费开支明细表

部门	铸造车间	加工车间	装配车间	供气车间	行政管理部门	合计
金额（元）	535	750	372	518	1 725	3 900

表 4-20　2×20 年 1 月用水数量明细表

用途	耗用量（吨）					
	铸造车间	加工车间	装配车间	供气车间	管理部门	合计
生产用水	1 144	2 749	1 665	1 390		6 948
一般耗用	50	120	80		85	335
职工生活	1 350	1 680	1 956	290	1 872	7 148
合计	2 544	4 549	3 701	1 680	1 957	14 431

注：水价 1.02 元/吨。

表 4-21　2×20 年 1 月用电数量明细资料

用途	耗用量（度）					
	铸造车间	加工车间	装配车间	供气车间	管理部门	合计
生产用电	363 885	311 550	86 745	24 005		786 185
一般消耗	6 869	10 494	3 990		4 610	25 963
职工生活	6 870	8 896	9 470	1 780	9 570	36 586
合计	377 624	330 940	100 205	25 785	14 180	848 734

注：生产经营用电 0.5 元/度，民用电 0.55 元/度。

表 4-22　2×20 年 1 月奖金发放计算表

部门		人数	计算标准（元/人）	金额（元）
铸造车间	生产工人	340	900	306 000
	管理人员	36	600	21 600
	小计	376		327 600
加工车间	生产工人	445	800	356 000
	管理人员	51	500	25 500
	小计	496		381 500
装配车间	生产工人	180	750	135 000
	管理人员	25	500	12 500
	小计	205		147 500
供气车间	生产工人	25	500	12 500
	管理人员	4	500	2 000
	小计	29		14 500
采购供应部		10	900	9 000
市场营销部		14	1 000	14 000
其他管理部门		106	780	82 680
合计		1 236		976 780

表 4-23　2×20 年 1 月职工薪酬代扣款项汇总表

代扣款项	计算标准	项目	铸造车间	加工车间	装配车间	供气车间	采购供应部	市场营销部	其他管理部门	合计
电费	0.55 元/度	数量（度）	6 870	8 896	9 470	1 780			9 570	
		金额	3 778.5	4 892.8	5 208.5	979			5 263.5	20 122.3
水费	1.02 元/吨	数量（吨）	1 350	1 680	1 956	290			1 872	
		金额	1 377	1 713.6	1 995.12	295.8			1 909.44	7 290.96
工会会费	基本工资和绩效工资总额的 0.5%	生产工人	2 257.8	1 0762.2	3 768	520				1 7308
		管理人员	763.92	1 111.8	544.5	92.8	230	336	3 298.05	6 377.07
		小计	3 021.72	11 874	4 312.5	612.8	230	336	3 298.05	23 685.07
养老保险金	基本工资和绩效工资总额的 8%	生产工人	36 124.8	172 195.2	60 288	8 320				276 928
		管理人员	12 222.72	17 788.8	8 712	1 484.8	3 680	5 376	52 768.8	102 033.12
		小计	48 347.52	189 984	69 000	9 804.8	3 680	5 376	52 768.8	378 961.12
住房公积金	基本工资和绩效工资总额的 15%	生产工人	67 734	322 866	113 040	15 600				519 240
		管理人员	22 917.6	33 354	16 335	2 784	6 900	10 080	98 941.5	191 312.1
		小计	90 651.6	356 220	129 375	18 384	6 900	10 080	98 941.5	710 552.1
失业保险金	基本工资和绩效工资总额的 1%	生产工人	4 515.6	21 524.4	7 536	1 040				34 616
		管理人员	1 527.84	2 223.6	1 089	185.6	460	672	6 596.1	12 754.14
		小计	6 043.44	23 748	8 625	1 225.6	460	672	6 596.1	47 370.14
医疗保险金	基本工资和绩效工资总额的 2%	生产工人	9 031.2	43 048.8	15 072	2 080				69 232
		管理人员	3 055.68	4 447.2	2 178	371.2	920	1 344	13 192.2	25 508.28
		小计	12 086.88	47 496	17 250	2 451.2	920	1 344	13 192.2	94 740.28
个人所得税	按税法规范	管理人员	5 100	6 200	3 200	600	300	800	14 000	30 200
合计			170 406.66	642 128.4	238 966.12	34 453.2	12 490	18 608	195 969.59	1 312 921.97

第五章

Chapter 5 模拟实训单位财务分析资料

一、普通机械行业主要财务指标水平

2×19 年度普通机械行业主要财务指标水平见表 5-1。

表 5-1　2×19 年度普通机械行业主要财务指标水平

主要指标	行业平均值
流动比率	1.68
速动比率	1.33
资产负债率	56.02%
应收账款周转率	2.2
存货周转率	2.1
流动资产周转率	1.97
总资产周转率	0.41
主营业务收入利润率	7.07%
总资产报酬率	3.99%
净资产收益率	9.34%

二、模拟实训单位 2×20 年重要投融资计划

三清公司为了调整产业结构，促进绿色发展的战略发展目标实现，计划开发新能源发动机的生产，拟引进一条新能源发动机生产流水线。该项目投资总

额为1 000万元，项目建设期为1年，项目使用期为10年。考虑到现有股东出资能力，公司董事会决定该项投资年需资金在两种融资方式中做选择：一是申请银行贷款，贷款年利率为5.6%，还款期为3年；二是吸收新投资者投资，并承诺股利支付率不低于5%。该方案需于2×20年2月底前做出决策，于2×20年5月融资到位，6月投入建设。

三、财务分析报告主要结构

根据有关经营决策方案及财务报表信息，由财务经理负责组织完成三清公司2×20年1月份的财务分析报告。其主要内容包括：

（一）基本情况概述

总体说明本公司的基本情况，总评2×20年1月份的财务状况和经营成本。

（二）财务报表

包括资产负债表、利润表、所有者权益变动表、现金流量表，以及相关附表。

（三）主要财务指标分析

根据财务报表的相关指标，计算下列财务指标，并结合2×19年度公司财务报表计算的指标进行纵向比较，结合机械行业的相关指标平均水平进行横向比较分析，分析公司的偿债能力、营运能力、盈利能力和发展能力，指出公司取得的业绩、存在的问题和可能面临的挑战及机遇等。主要财务指标有：

$$销售利润率=\frac{利润总额}{产品销售净收入}\times 100\%$$

$$总资产报酬率=\frac{利润总额+利息支出}{平均资产总额}\times 100\%$$

$$资本收益率=\frac{净利润}{实收资本}\times 100\%$$

$$资本保值增值率=\frac{期末所有者权益总额}{期初所有者权益总额}\times 100\%$$

$$资产负债率=\frac{负债总额}{资产总额}\times 100\%$$

$$流动比率=\frac{流动资产}{流动负债}\times 100\%$$

$$应收账款周转率=\frac{赊销净额}{平均应收账款余额}\times 100\%$$

$$存货周转率=\frac{产品销售成本}{平均存货成本}\times 100\%$$

同时，运用杜邦分析法进行财务状况的综合分析，绘制杜邦分析图，如图5-1所示。

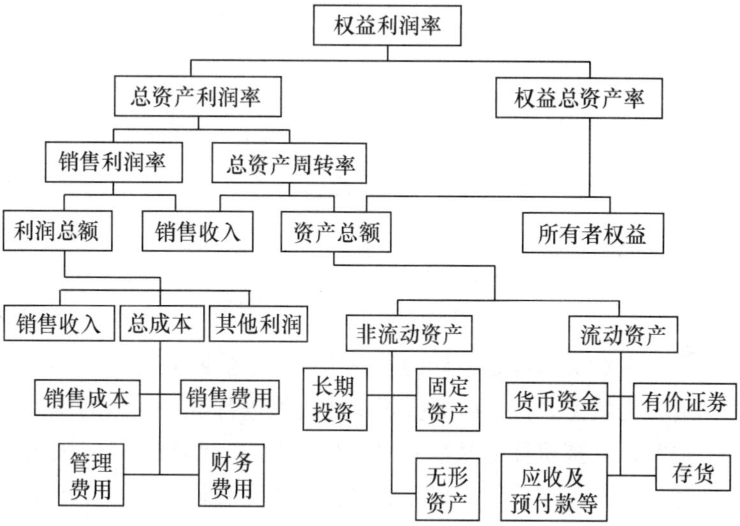

图5-1　杜邦分析图

(四) 公司成本费用分析

1. 产品成本分析
2. 相关费用分析

(五) 公司投融资方案决策分析

(六) 对策与建议

第六章 Chapter 6 模拟实训单位审计资料

本章节内容是审计的模拟实训。以前面完成的 2×20 年 1 月份的会计核算资料为依据，按照财务报表审计流程进行审计环节的模拟实训，目的是通过模拟实训掌握审计的基本流程和基本方法。模拟审计实训采用各实训小组交叉审计的方式，即每一小组完成的会计核算资料均由另一小组进行审计。

一、审计单位基本背景资料

（1）名称：三清股份有限责任公司。

（2）所有权结构：属于国有控股企业。

（3）治理结构：设有董事会、监事会，运作情况良好。

（4）组织结构：设八部一所一室，机构设置精简而科学合理，内部控制健全、规范。

（5）行业状况：行业的总体发展趋势良好，市场需求稳定，价格竞争平稳有序。

（6）经营情况：经营理念先进，业务增长率及财务业绩与主要竞争者相比略有领先。

（7）法律环境及监管环境：无特殊影响因素。

（8）会计政策变更的情况：无。

（9）以前年度审计情况：长信会计师事务所审计，标准无保留意见。

（10）其他途径查询情况：从银行、监管机构、工商部门以及网上查询等无不良反馈。

二、会计师事务所基本情况

(1) 名称：天人会计师事务所。
(2) 地址：HN省CS市岳麓区。
(3) 电话：0731-88688688。
(4) 主任会计师：王少华。

三、审计基本内容与审计要求

1. 审计业务类型

(1) 首次接受业务委托。
(2) 财务报表审计。

2. 审计时间

2×20年3月2—28日。其中3月24日完成审计工作，3月28日向委托人提交审计报告。

3. 项目经理及成员

由事务所审计一部的注册会计师王红担任项目经理，项目组成员来自审计一部。

4. 审计基本内容（见表6-1）

表6-1　审计基本内容一览表

序号	审计环节	具体工作
1	接受业务委托	了解和评价审计对象的可审性
		决策是否接受委托
		商定业务约定条款
		签订审计业务约定书等
2	计划审计工作	考虑两个关键影响因素：审计风险和重要性
		制定总体审计策略
		制定具体审计计划
3	风险评估程序	了解被审计单位及其环境
		识别和评估重大错报风险
4	进一步程序	实施控制测试（如有必要）
		实施实质性程序

续表

序号	审计环节	具体工作
5	终结审计	汇总审计差异
		提请调整或披露
		复核审计工作底稿和财务报表
		与管理层和治理层沟通
		评价所有审计证据，形成审计意见
		编制审计报告等

5. 审计实训基本要求

本次审计模拟实训主要是根据三清公司的业务资料及会计模拟实训的结果资料等开展审计业务。要求完成以下工作：

（1）签订一份审计业务约定书；

（2）编制总体审计策略；

（3）完成各主要项目的实质性程序；

（4）编制有关审计工作底稿；

（5）编写审计报告；

（6）整理审计档案。

四、审计基本程序

（一）审计程序

审计过程一般包括三个阶段，即准备阶段、实施阶段、终结阶段。

在审计的实施阶段，主要是开展：（1）风险评估程序；（2）进一步审计程序（包括控制测试和实质性程序）。可以运用的审计方法有：分析程序、查询法、函证法、检查文件和记录、检查有形资产、观察法、重新计算、重新执行、调节法、鉴定法等。

本次审计模拟实训主要是练习实质性程序的实务操作，按业务循环分别开展。

（二）主要项目的实质性程序

1. 货币资金审计作业计划（见表6-2）

表6-2 货币资金 审计作业计划（Z1）

内容	执行人	执行情况	底稿编号	备注
（1）核对现金日记账、银行存款日记账、其他货币资金明细账与总账的余额是否相符			Z1-1	

续表

内容	执行人	执行情况	底稿编号	备注
(2) 监盘库存现金，编制库存现金监盘表			Z1-2	
(3) 取得或编制银行存款余额明细表，取得银行对账单，核对日记账、明细表、对账单			Z1-3	
(4) 取得或编制银行存款余额调节表，检查未达账项的真实性			Z1-4	
(5) 检查定期存款、限定用途的存款			Z1-5	
(6) 向所有开户银行进行函证，编制银行存款函证结果汇总表			Z1-6	
(7) 抽查大额货币资金收支的凭证记录			Z1-7	
(8) 截止测试				可套用 Z1-7 的格式
(9) 检查外币折算的正确性				
(10) 检查在财务报表中的列报			Z1-1	

2. 应收账款审计作业计划（见表 6－3）

表 6－3　应收账款　审计作业计划（Z2）

内容	执行人	执行情况	底稿编号	备注
(1) 取得明细表，进行账账核对、账表核对			Z2-1	
(2) 实施分析性测试				
(3) 审查应收账款账龄分析表			Z2-2	
(4) 函证应收账款			Z2-3	
(5) 抽查凭证，检查账务处理			Z2-4	
(6) 检查贴现、质押或出售				
(7) 取得或编制坏账准备分析表，审查坏账准备计提			Z2-5	
(8) 检查在财务报表中的列报			Z2-1	

3. 存货审计作业计划（见表 6－4）

表 6－4　存货　审计作业计划（Z3）

内容	执行人	执行情况	底稿编号	备注
(1) 取得明细表，进行账账核对、账表核对			Z3-1 Z3-2	
(2) 分析性测试				
(3) 存货的截止测试			Z3-3	

续表

内容	执行人	执行情况	底稿编号	备注
（4）监盘存货			Z3-4	
（5）存货的计价测试			Z3-5	
（6）检查存货跌价准备			Z3-6	
（7）抽查凭证，检查账务处理			Z3-7	
（8）检查材料成本差异率			Z3-8	
（9）检查在财务报表中的列报			Z3-1	

五、审计报告基本格式

审计报告可分为简式审计报告、详式审计报告。简式审计报告的基本格式如下：

（1）标题。

（2）收件人。

（3）审计意见。就财务报表的合法性与公允性发表审计意见，有四种意见类型，即无保留意见、保留意见、否定意见、无法表示意见。

（4）形成审计意见的基础。

（5）管理层对财务报表的责任。

（6）注册会计师对财务报表审计的责任。

（7）会计师事务所的名称、地址及盖章。

（8）注册会计师的签名及盖章。

（9）报告日期。

此外，根据需要在审计报告中可增加关键审计事项、强调事项段、其他事项段等内容。

六、利用计算机辅助审计技术和电子表格进行审计

（一）利用审计软件进行审计

在审计实训环节，可以使用中普、鼎信诺等审计软件（事务所版或教学版）进行审计，主要是应用于实质性程序。

1. 审计软件的基础准备工作

由每个小组的组长在审计软件中完成审计项目创建等有关基础准备工作（见表6－5）。

表 6-5　审计软件的准备与项目创建

相关准备内容	备注
(1) 建立被审计单位	
(2) 建立审计项目	
(3) 会计账套数据的采集、导入	一般有笔记本联网采集导入、U 盘采集导入、手工账导入等方式。
(4) 对导入准确性的校验	(1) 数据准确性检查；(2) 查账时间及行业类型检查；(3) 科目对照检查。
(5) 指定审计项目组的成员及分工	

其中，会计账套数据的采集和导入这个步骤，主要采用笔记本联网采集导入或者 U 盘采集导入、备份采集导入等方式，对于一些常用的财务软件所生成的账套数据进行采集导入（见图 6-1）。

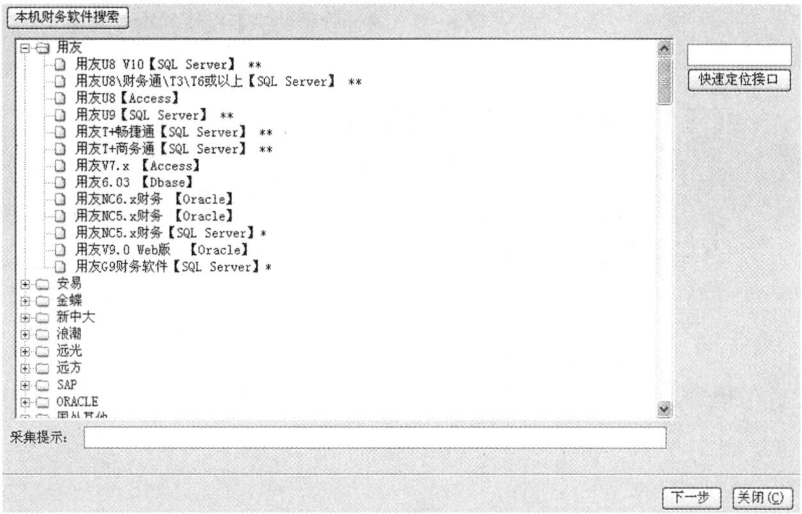

图 6-1　会计账套数据的采集导入

对于在图 6-1 的列表中没有列示的财务软件，由于审计软件中目前还没有此类财务软件的对应接口，可以采取手工账（Excel 表）导入方式，将会计账套数据导入审计软件（见图 6-2）。比如采用柠檬云财税软件进行核算的情况下，可以先将会计账套数据导出成 Excel 数据，然后再在审计系统中将这些数据按照审计软件中的 Excel 模板导入，形成电子账后实施审计。

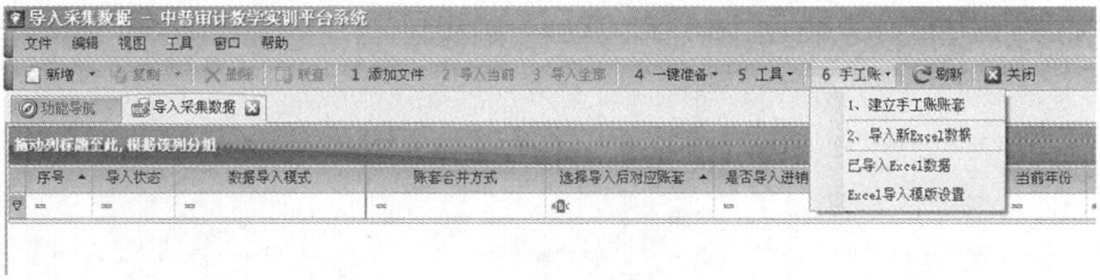

图 6-2　手工账 Excel 数据导入

2. 实施审计程序及编制底稿

审计组的成员登录审计软件，进入项目组长所创建的审计项目，开展审计实训。在熟悉软件的各个功能模块的操作以后，项目组的每位成员根据自己的分工，完成相关的审计工作流程和底稿编制。具体见图 6-3。

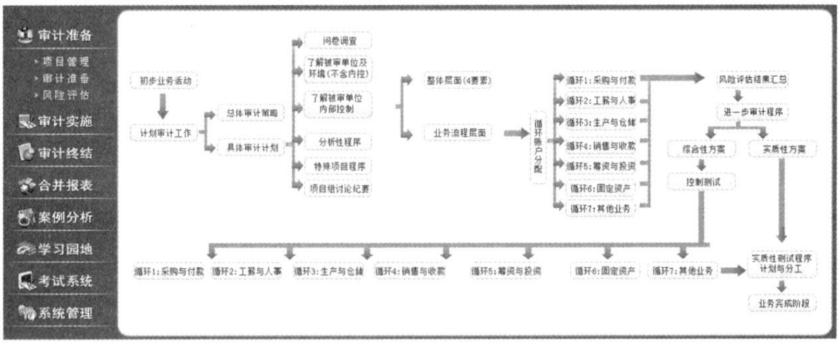

图 6-3　审计软件的主要模块和操作流程

（二）利用电子表格进行审计

主要是使用 Excel 等软件，对数据信息进行记录、计算与分析等处理，以及运用 Excel 来编制审计工作底稿。

图书在版编目（CIP）数据

会计综合实验教程：基于云计算环境/汤健，蔡明杰，陶雪阳编著. --5 版. --北京：中国人民大学出版社，2021.9
普通高等学校应用型教材. 会计与财务
ISBN 978-7-300-29820-7

Ⅰ.①会… Ⅱ.①汤… ②蔡… ③陶… Ⅲ.①会计学-高等学校-教材 Ⅳ.①F230

中国版本图书馆 CIP 数据核字（2021）第 177753 号

普通高等学校应用型教材·会计与财务
会计综合实验教程（第 5 版）
——基于云计算环境
汤　健　蔡明杰　陶雪阳　编著
Kuaiji Zonghe Shiyan Jiaocheng——Jiyu Yunjisuan Huanjing

出版发行 中国人民大学出版社
社　　址 北京中关村大街 31 号　　**邮政编码** 100080
电　　话 010－62511242（总编室）　010－62511770（质管部）
010－82501766（邮购部）　010－62514148（门市部）
010－62515195（发行公司）　010－62515275（盗版举报）
网　　址 http://www.crup.com.cn
经　　销 新华书店
印　　刷 北京市鑫霸印务有限公司
规　　格 185 mm×260 mm　16 开本
印　　张 23.75 插页 1
字　　数 336 000
版　　次 2008 年 6 月第 1 版
2021 年 9 月第 5 版
印　　次 2021 年 9 月第 1 次印刷
定　　价 54.00 元

教师教学服务说明

中国人民大学出版社财会出版分社以出版经典、高品质的会计、财务管理、审计等领域各层次教材为宗旨。

为了更好地为一线教师服务，近年来财会出版分社着力建设了一批数字化、立体化的网络教学资源。教师可以通过以下方式获得免费下载教学资源的权限：

在中国人民大学出版社网站 www.crup.com.cn 进行注册，注册后进入“会员中心”，在左侧点击“我的教师认证”，填写相关信息，提交后等待审核。我们将在一个工作日内为您开通相关资源的下载权限。

如您急需教学资源或需要其他帮助，请在工作时间与我们联络：

中国人民大学出版社　财会出版分社

联系电话：010-62515987，62511076

电子邮箱：ckcbfs@crup.com.cn

通讯地址：北京市海淀区中关村大街甲 59 号文化大厦 1501 室（100872）